LAURA CAPACCIOLI

CORPOREITA', MOTRICITA', SIMBOLICO E LINGUAGGIO MIMO-GESTUALE NELLE COMUNICAZIONI CINESICA E PROSSEMICA

Indice

Introduzione... 5

1. L'individuo come oggetto-soggetto di un contesto socio-culturale predeterminato; stare "dentro" la cultura... 21

1.1 La cultura influenza e gestisce il rapporto fra un soggetto ed un altro... 23

1.2 L'importanza degli agenti di socializzazione, del gruppo e delle istituzioni nella formazione dell'individuo sociale... 33

1.3 Potere, dominio e violenza come elementi costitutivi dell'individuo sociale... 57

1.4 Totalità, globalizzazione del sistema ed estensioni dell'uomo sociale... 65

2 Il corpo. Linguaggio mimo-gestuale ed importanza del simbolico... 79

2.1 La loquacità dell'abbigliamento... 89

3. La comunicazione mimo-gestuale... 99

3.1 La suddivisione prossemica... 109

Conclusioni... 125

BIBLIOGRAFIA... 129

Introduzione

Non è possibile individuare e in parte conoscere l'*ethos* di una cultura o di un gruppo sociale se non si affrontano problemi e fenomeni interni ed esterni, anche quelli apparentemente più insignificanti. L'apparenza socio-culturale che colpisce l'immaginario formatosi in quella determinata realtà non è sufficiente per dare una visione possibilmente obiettiva e parzialmente indicativa: occorre cercare di capire e "sentire" le trame delle interrelazioni e le situazioni che determinano e danno significato a quelle esistenze in quel preciso tempo-spazio-luogo. A livello di ricerca socio-cognitiva le operazioni richiedono continuità, in quanto niente si ripropone mai nello stesso modo.

La millenaria cultura occidentale, con enormi difficoltà, si è data l'impegno, nella sua lunga storia [*Le storie* di Erodoto consentono di affrontare questo primo relativismo socio-culturale della differenza: cfr. libri V-IX, in particolare i paragrafi 85,I-86,I-89-90], a riconoscere l'"altro", a comprenderne le diversità; i tentativi espressi, nelle varie epoche, anche nelle minime forme del costume religioso, alimentare, lavorativo, affettivo, abitativo, matrimoniale, cerimoniale, ..., stanno dando, se non l'intesa, almeno i percorsi conoscitivi verso un traguardo etico. I pensieri, i vissuti e le speranze si costruiscono intorno ad una persona, ad un gruppo, con cui si stabiliscono, anche indipendentemente dai ruoli esercitati, contatti prossemici e corporei tali da indicare, grazie ad un codice apposito, gli elementi di conflitto, di potere, di consenso, di comune intesa e tolleranza. Lo stesso codice autorizza quindi a decodificare i tratti di una specifica cinesica nella possibilità di accettazione o di rifiuto dell'"altro". Il rapporto con il "tu" passa quindi attraverso un modo di essere dell'uomo che va dalla peggiore ferocia ad una forma di comprensione e completa accettazione dell'"altro".

E' in epoca storica che gli esempi intorno ai valori del "tu" cercano di assumere una chiara ed esigente forma di civiltà e di rispetto; naturalmente la realtà è talvolta lontana dal desiderio di rispettare l'"altro" e di essere rispettati e, se anche questo desiderio viene provato, la sua attuazione è spesso interferita ed ostacolata dalla realtà stessa. L'individuo esiste infatti in virtù del fatto che è inserito in un determinato contesto sociale. La risoluzione di un bisogno, non solo di quello primario, ricerca e trova ancora percorsi violenti, arginati da uomini "di buona volontà" con "distrazioni" competitive; tuttavia, anche all'interno civile di tali modelli, si riproducono le negazioni dell'"altro", le prevaricazioni, gli inganni.

La realtà sociale può essere letta attraverso vari approcci determinati da scopi ed interessi specifici e basati su assunti di rilevanza. Vengono qui dati alcuni cenni sulle tipologie della ricerca, quando orientata in senso oggettivistico (marxismo, positivismo) [Secondo l'approccio marxiano l'uomo è un insieme determinato di relazioni sociali dotato di un apparato psichico capace di elaborarle tenendo conto del finalismo pratico dell'azione. I processi di alienazione sono una caratteristica distintiva della storia umana che, attraverso una regolazione distributiva dei beni, potrebbe anche essere superata. La vita sociale deve essere intesa come prassi (azione); il sociale è inteso come l'autocreazione della prassi. Max Weber sostiene che oggetto della sociologia è la formulazione di princìpi generali o di concetti riferiti all'*agire umano sociale* e il suo scopo è quello d'intendere, grazie ad un procedimento interpretativo, l'agire sociale, spiegandolo casualmente nel suo corso e nei suoi effetti. E' *sociale* nella misura in cui tiene soggettivamente conto dell'agire soggettivo ed oggettivo altrui. L'approccio positivista (Comte A. e Durkheim E.) assume che ogni individuo agisce come un giocatore singolo ma, giocando nella scena sociale, è determinato dalle regole del contesto in cui si muove. Le strutture sociali diventano quindi una specie di leggi ineluttabili. Cfr. DONATI P., *Introduzione alla sociologia relazionale*, Franco Angeli, Milano, 1983, pp. 38-46]

e quando in senso soggettivistico (interazionista-simbolico e fenomenologico) [L'approccio interazionista-simbolico (Mead H.) chiama ad un "rapporto sociale" rappresentativo della mediazione simbolica e di se stesso attraverso l'"altro". Stimolo ed oggetto sono le caratteristiche che agiscono sulle persone, ma è soltanto il significato dell'oggetto, assegnato dall'individuo, che consente all'uomo di reagire allo stimolo: per esempio il colpo di pistola che annuncia l'immediata partenza per una gara di velocità oppure un'inattesa puntura di spillo o di un chiodo delle scarpette chiodate. Ciascuno degli individui costruisce il proprio ambiente secondo lo sviluppo del proprio simbolico e delle proprie attività; i numerosi atti quotidiani (come il vestirsi, il preparare un pasto, la scelta di una professione, di un partner, ...) rispecchiano il proprio vissuto in modo completo. L'individuo produce indicazioni di oggetti, assegna loro significati e valuta la loro utilità per il raggiungimento di determinati scopi. Decide infine come agire sulla base di questi giudizi; Mead H. intendeva questo processo interpretativo come un'interazione su basi simboliche. Gli esseri umani non rispondono al gesto, ma al significato. Il linguaggio dell'uomo (o comunicazione) è infatti simbolicamente interattivo; ad esempio nel gioco del baseball, quando ha luogo la situazione "alla battuta", il lanciatore guarda, dal punto di lancio, il ricevitore, in attesa del suo segnale per capire quale tipo di lancio effettuare; «mentre il battitore, da parte sua, concorda con l'allenatore di terza base il tipo di istruzioni di battuta, trasmesse a loro volta dall'allenatore in banchina. Il ricevitore può chiedere una palla con il giro, stendendo, poniamo, due dita, e l'allenatore di terza base può ordinare di colpire la palla dolcemente, toccandosi l'orecchio o aggiustandosi il cappello. Così, prima del lancio, la situazione è stata strutturata secondo un precostituito sistema di segnali che hanno un significato comune (cioè evocano risposte simili) per i soggetti coinvolti. Il fatto che il lanciatore possa anche optare per un altro tipo di lancio e il battitore possa indovinare che dovrà battere una palla con il giro significa solamente che i giocatori non reagiranno ai gesti come se fossero cani; essi stanno interpretando simbolicamente il significato dei segni e su questa base stanno organizzando la loro attività per agire in maniera intelligente alla situazione che sta loro di fronte.» E' evidente che se il gesto evoca lo stesso atteggiamento sia nel ricevente come nel trasmittente si è di fronte ad un simbolo significativo; quando il gesto del corpo o della voce (discorso) raggiunge un tale livello, è ormai divenuto un vero e proprio "linguaggio". Va considerato tuttavia che gli esseri umani sono messi nell'interazione in modo significante (simbolicamente) a seguito dell'assunzione precisa dei ruoli. Il fatto sociale non è né conoscibile, in quanto avente una sua propria realtà, né oggettivo, nel senso di possedere in sé un'identità fenomenica. Secondo l'approccio fenomenologico (Scheler M. e

Schütz A.) la sociologia non ha a che fare con fatti ed eventi individuati nel tempo, ma con regole, leggi. Cfr. COLLINS R., e MAKOWSKY M., *Storia delle teorie sociologiche*, Zanichelli, Bologna, 1996].

Gli studi sociologici sono quindi caratterizzati da un dualismo che mette in opposizione l'uomo come soggetto e l'uomo come oggetto della società.

Un altro tentativo, a livello cognitivo della realtà sociale, è rappresentato dallo struttural-funzionalismo [Due opere permettono di avere una visione molto allargata sulle dinamiche interattive utili per comprendere l'azione nei termini operativi, di stimolo e risposta, di selezione e previsione. Secondo l'approccio struttural-funzionalista di Parsons la sociologia deve essere in grado di integrare la teoria dell'azione sociale, cioè tutto ciò che è o rimanda a capacità di mobilitazione individuale o collettiva, come struttura organizzata. Ci deve quindi essere una spiegazione sociologica globale di tutta la società, studiando la personalità in quanto interagente ed inter-compenetrata con le strutture sociali, da intendersi come comuni orientamenti di valore. Cfr. PARSONS T., *La struttura dell'azione sociale. Le società tradizionali e le società moderne*, Il Mulino, Bologna, 1972-1973 e CAVALLI L., *Il contenuto sociale*, Il Mulino, Bologna, 1970], e cioè dalla messa in relazione di due teorizzazioni, al fine di pervenire ad una spiegazione del mondo sociale meno riduttiva ed estrema. La necessità di collegare oggettivismo e soggettivismo non può essere soddisfatta per mezzo di magico *trait-d'union* che faccia da ponte, ma attraverso un principio che si rifaccia all'unità dello stesso fenomeno sociale reale, sempre totale (oggettivo e soggettivo insieme) e che esiste, in modi diversi, contemporaneamente "dentro" e "fuori" il soggetto; quindi la necessità di raccordare questi due poli della sociologia rimanda ad una scelta filosofica che non privilegia né la realtà esteriore, né la soggettività, né tantomeno un artificiale ponte costruito tra di loro (relazione sociale), ma privilegia l'intima unità del reale che esiste da un lato in sé e dall'altro in modo intelligibile nella soggettività umana. Si deve considerare oggetto stesso della disciplina sociologica la *relazione sociale*, cioè la società intesa come insieme di soggetti individuali e collettivi *interrelati.* Tutto questo viene indicato come *realismo relazionale* [Secondo l'approccio relazionale la realtà è sia oggettiva che inter-soggettiva. Tale teoria assume quindi una prospettiva secondo la quale l'oggetto è inteso come modo relazionale dell'essere e le sue nature (esterna e interna) tendono a strutturarsi insieme. La sociologia è quindi ricerca di tali connessioni: le parti stanno fra loro in reciproca e continua transazionalità che genera flussi comunicativi. Il tutto sociale non è la semplice somma delle parti ma, piuttosto, il loro prodotto. Cfr. DONATI P., *op. cit.*, cap. 7].

La vastità di scuole di pensiero e di teorie indica non solo l'importanza da sempre data a questa materia, ma anche la sua complessità, dovuta principalmente al fatto che si tratta di un aspetto della vita che, essendo fondamentale per tutti, è vissuto da ognuno in modo completamente personale e soggettivo e pertanto risulta azzardato fare asserzioni sicure. Il tema prescelto, che richiama riflessioni approfondite intorno allo studio cinesico-prossemico della realtà umana, trova, anche nelle modalità contemporanee, ossia nella pluralità delle culture, uno spazio di osservazione e di analisi tale da assegnare specifici modelli culturali, in ordine al modo in cui gli uomini di una stessa cultura cercano di intendersi e riconoscersi.

L'universalizzazione dei sistemi tecnologici e telematici ha, ad esempio, condotto ad una visione stereotipata del modo occidentale di comprendersi. Sussiste pertanto una modalità d'intesa che, attraverso alcuni modelli, diventa obbligatoriamente universale. Gli stereotipi coniati dalle abitudini e dal comune "dover essere" influenzano ogni aspetto della vita: qualsiasi cosa venga fatta, detta, costruita, pensata, studiata o inventata "deve" rispondere ai canoni "dettati" dalla propria realtà, al fine di evitare discriminazioni e differenziazioni sociali.

Uno degli ambiti sociali che racchiude le tematiche (valori, cultura, potere, violenza, gruppo ed economia) è quello sportivo, in quanto "il gioco viene spesso travisato", dovendo obbedire a dei precisi canoni [In un articolo del Corriere di Arezzo del 20 dicembre 1997, a pag. 37, nel testo a cura di Arnaldo Berbeglia, sono riportate alcune riflessioni del prof. Dini Vittorio e le valutazioni del prof. Gori Mario riguardo i suddetti fattori. A tal proposito il prof. Dini Vittorio dice: «Parliamo pure di sport-cultura, ma prima facciamo un passo indietro. L'interrogativo sul rapporto proposto riguarda come l'individuo sta nella società, in quella sportiva, con la famiglia, con gli amici. E' sempre la stessa persona, ma con ruoli e funzioni diverse. Si porta dietro l'effetto epocale. Ricerca mezzi per avvicinare la società, ma i suoi modi di pensare, di tradurla, di vederla, sono finalizzati quasi sempre a come risolvere i propri problemi. E' una realtà della storia socio-culturale che viviamo nell'Occidente. Purtroppo certi disvalori sono diventati valori. Chi sta ai vertici dell'organizzazione lo sa, ma continua a presentarceli come valori. Ciò che dispiace è l'ambiguità nelle forme di attenzione alla solidarietà, verso l'"altro", tanto nel senso laico che religioso, "altro" che invece esige rispetto. Lo sport voleva essere un canale per una riforma socio-culturale dei valori, degli atteggiamenti. Ho creduto per tanto tempo e continuo a credere all'onestà di tanti atleti.»]. I rapporti di potere nel rispetto dell'"altro", che potrebbero indicare le linee costanti di ogni forma competitiva, tornano a ripresentarsi in molti contesti ideologici, dall'interesse di parte a quello economico [Il prof. Dini Vittorio continua il suo intervento sull'importanza e sull'influenza della cultura in ambito sociale. «Per quanto riguarda lo studio dell'uomo, a cui sono obbligato di dare una parte dei miei pensieri, devo fare una constatazione dolorosa. L'antica cultura della sopravvivenza, che è un primitivo modo di stare nella vita e che non teneva conto dell'altro, si ripresenta danneggiando ed inquinando ogni diversa relazione. Non nego che lo sport sia nato come collaborazione ad una costruzione di un uomo corretto, leale, rispettoso degli impegni. Ma lo sport non deve essere inganno. L'atleta non deve danneggiare di proposito né fare male all'avversario. E' nato con questo istinto oppure è diventato? Dove finisce la sua natura e comincia la sua cultura?». Continua il suo ragionamento il prof. Dini Vittorio: «La cultura è sempre stata negativa alla competizione? Quanto è aumentata l'ambiguità, l'illusione, il dispregio per le regole etiche che dovrebbero stare dentro lo sport? Purtroppo in esso non ci sono, ed un impedimento, oltre quelli storici ed attuali, è dato dalla totale manomissione dell'etica, che era stata indicata come pura, come condizione possibile per educare un uomo ai valori sacri della relazione. La cultura oggi veicolata rimane più platealmente conosciuta attraverso l'uso della violenza, di cui sono esempio (a volte perfino istituzionalizzato) l'inganno, la corruzione, la lotta per il potere. Violenza, ancora, come parte fondamentale del diritto alla sopravvivenza, oppure allo pseudo-diritto di una cultura che nasconde interessi, abusi, prevaricazioni.»

«M'inserisco nella conversazione, in senso generale, come sociologo ed antropologo delle attività motorie - interviene così il prof. Gori Mario - mi pongo nella lettura del tema sport-cultura dalla parte dell'analisi della dimensione del corpo da educare e del corpo sportivizzato, o da specializzare, come due condizioni diverse. Se ci manteniamo esclusivamente sul piano emotivo, e non ci affidiamo alla ragione attraverso i suoi sensi, prenderemo sonore cantonate. Domandiamoci: ma lo sport è cultura? Diamo una rilettura attenta, approfondita, al fenomeno sotto il profilo etico, politico, economico, sociologico, ... Allora questo approccio culturale allo sport, più che sport, è cultura.» L'intervistatore rivolge al prof. Gori Mario una precisa domanda: «Conviene sul fatto che lo sport è nato come gioco, che tutti gli sport sono gioco, ma che non tutti i giochi sono sport?». «Non sono d'accordo. Siamo spinti ad identificare il gioco con lo sport da chi ha interesse a giustificare il proprio potere nei confronti della massa analfabeta. 'Il lavoro nobilita l'uomo' è pura invenzione del 'padrone'. Quanto più la gente s'identifica su certe convenzioni e quanto meglio la si controlla. Dietro le bandiere ci sono state ecatombe di morti. Dietro lo sport, molto più simbolico, per fortuna, ci sono minori gravità. In passato c'era addirittura la morte del nemico durante la gara (gladiatori). Attenzione, però: il simbolo può essere più violento del reale.»] Oltre alle dinamiche di potere, l'elemento simbolico può addirittura determinare, o quanto meno produrre, aspetti distruttivi nella competizione nella sua degenerazione verso il dominio e la prevaricazione [Il prof. Gori Mario, nel citato articolo del *Corriere di Arezzo* del 20 dicembre 1997, parla inoltre del valore sociale assegnato allo sport. «Vogliamo parlare di quanto lo sport sia veicolo? Formuliamo tre ipotesi, continua il prof. Gori Mario. 1) Lo sport è valore se ha un'etica originaria da riscoprire e portare avanti; 2) non è valore ma soltanto un mezzo, cioè aggregazione, socializzazione, cultura; se viene usato male, avremo inganno, prevaricazione; 3) l'ultima ipotesi riguarda lo sport come costruzione ad hoc, una sorta di sovrastruttura per il controllo addizionale delle masse, fatta da gruppi sociali di potere. Si aggiunge a tante altre forme di controllo (ad esempio la TV). Siamo di fronte ad ipotesi, tutte e tre da verificare. Oggi si rilegge la storia in modo diverso che nel passato. Il barone De Coubertin Pierre propugnò il ripristino dei giochi olimpici; anch'esso è visto sotto un'ottica diversa: nei suoi discorsi egli utilizzava la frase di un arcivescovo americano, sostenendo che nello sport non era importante vincere quanto partecipare. Ma aveva interessi personali, in questa iniziativa, in quanto imprenditore e proprietario di numerose fabbriche; fece partecipare soltanto gli atleti di classi abbienti e nobili. Altro elemento di rilievo che condusse ad un senso universale dello sport è dovuto al movimento socialista di fine '800 che influì affinché s'investisse sull'offerta di sport a tutti. Il potere fece la scelta politica a favore delle masse operaie. E' il gioco che è cultura, non lo sport. Ma questa affermazione dipende dall'analisi che facciamo dei due termini in quanto, gioco e sport, vengono confusi, e pertanto hanno perduto il loro proprio valore semantico. Il significato corrispondente di sport, in inglese, è *game*, e del gioco, *play*. Nella traduzione *play* ha valore anche di danza, teatro, musica. Chi fa *play* fa cultura. In francese, col termine *jeux* è la stessa cosa. Ce ne possiamo rendere conto pensando al girotondo. E' contemporaneamente gioco, canto, danza. Lo sport ha sezionato, ha sedimentato, la concezione unitaria della persona in questo campo specifico, sostituendosi al gioco. E quindi si ripropone la domanda se si può parlare di cultura dello sport o cultura del gioco. Tanto per dare un esempio, è come il concetto dell'omeopatia o della medicina psico-somatica: si guarda all'organismo e non al singolo organo malato. Lo sport non è un gioco. E' vero il contrario. Con quale valore? Ed è più il vero o il finto? Certamente l'atleta più bravo è quello dalla massima abilità, però con il proprio corpo bivalente: veritiera con i propri compagni, nell'impegno di squadra; falsificata, con gli avversari. Purtroppo lo si riscontra anche nella politica, così come nel sociale: e potremmo chiamarli modelli educativi. A questo punto non è più "sport uguale cultura", ma l'analisi scientifica (non solo medica) dello sport che ne facciamo è la vera cultura. Gli stereotipi che ci forniscono i mezzi di comunicazione di massa, senza analisi sui due versanti, non costituiscono cultura. Nell'Antico Testamento sta scritto: l'eterna sapienza giocava la creazione al cospetto di Dio; e Platone, versione laica del concetto, diceva: gli dei giocano e gli uomini sono giocattoli in mano agli dei. E gli uomini tendono ad identificarsi con gli dei attraverso il gioco. Giocare è dunque salire in alto, il livello massimo di cultura. Lo sport riproduce gli stessi meccanismi dell'organizzazione politica, sociale, economica, religiosa, perché ripropone modelli gerarchici. Da ragazzi, quando giocavamo, non si pensava a tutto questo. All'opposto il gioco appartiene all'organizzazione sociale di tipo collettivo, comunitario, paritetico, amicale. Lo sport, purtroppo, è elemento che ricostruisce quel tipo di cultura sopra delineata.»]. Grazie agli scandali, alla pressione degli sponsor commerciali, alla massiccia presenza di interessi economici e politici, lo sport si trova imponentemente alla ribalta della scena sociale: è diventato business, commercio, pubblicità, spettacolo, investimento e guadagno.

In qualsiasi sport sta entrando in modo evidente ed inevitabile un nuovo valore-disvalore di cui non è dato ancora comprendere gli effetti futuri. Diventa assolutamente necessario, oggi, comprendere gli elementi obbligati dello stare insieme, della vicinanza dei corpi, sia come spettatori di un evento, che come protagonisti del medesimo e di quella necessaria cultura che deve richiamare gli uomini, in ogni parte del mondo, ad avvicinarsi tentando di superare la dimensione della violenza e della prevaricazione dell'"altro".

Nello sport, occidentalmente codificato con regole,

strumenti e riti precisi (ved. olimpiadi ed altre gare), si assiste alla rappresentazione di un modello in parte arcaico, per alcune precise origini storiche, e al tempo stesso con ideologie contemporanee relative alla più audace competizione ed efficienza. In tale contesto il messaggio dell'accettazione e del rispetto dell'"altro" dovrebbe passare attraverso un *ethos* purificato; purtroppo anche gli stessi spettatori, le tifoserie locali e nazionali si fanno partecipi di una competizione che spesse volte va oltre la lealtà e la purezza sportiva. In questa realtà il giovane atleta, attore di uno scenario plateale e di forte spettacolo, incarna anche altri elementi che rompono l'armonia prossemica e cinesica fino all'offesa drammatica rivolta all'avversario.

Il presente lavoro si offre come una riflessione civile ed obbligata, specialmente per le forme di contatto che uomini e donne di lingua e cultura diversa hanno oggi fra loro e altresì un invito a riconsiderare, attraverso i percorsi umani ed i traguardi di una vicinanza dolorosa, la comune appartenenza alla famiglia umana.

Per poter "parlare" con l'"altro" non è sufficiente conoscere la sua "lingua", così come è intesa comunemente, ma occorre tentare di capirne l'*ethos* che lo condiziona nella corporeità e nel simbolico.

1. L'individuo come oggetto-soggetto di un contesto socio-culturale predeterminato; stare "dentro" la cultura

Ogni individuo, facente parte di una cultura, è portatore delle caratteristiche di questa. Coloro che appartengono ad una data società, ad un dato gruppo sociale, partecipando ad analoghe esperienze ed avendo identici orientamenti di valore, riconoscono di avere in comune dei tratti caratteristici particolari che permettono di riconoscere un membro da un non-membro [E' importante dare significato alla costruzione dell'identità individuale, partendo dallo scarto tra l'identità personale e quella sociale, sia come processo esplorativo sia come decisione ad affrontare la realtà quotidiana nei contesti della trasformazione socio-culturale e di pensiero; cfr. CRESPI F., *Le vie della sociologia*, Il Mulino, Bologna, 1985, pp. 364-377. Il riconoscimento di un membro all'interno del proprio gruppo passa non solo attraverso gli elementi linguistici, di costume, ..., ma anche a mezzo di ogni espressione socio-culturale presente nel codice d'interazione; l'appartenenza ad un gruppo culturale, in particolare ad un'etnia, consente agli stessi membri di capire la quantità e la qualità dell'assorbimento simbolico (entrato o escluso dall'esercizio quotidiano), soprattutto quando espresso da atteggiamenti corporei di postura e di gestualità. Cfr. DINI V., *Cenni di cinesica culturale*, in "Scuola primaria", II, 1971, pp. 15-34]; tuttavia l'appartenenza, anche rigida e severa, ad una società non impedisce che una parte dei soggetti si disponga ad accogliere sollecitazioni socio-culturali esterne. Tali influenze (intese come processi di acculturazione) tendono a ridurre le valenze locali a favore di un'omologazione interculturale.

1.1 La cultura influenza e gestisce il rapporto fra un soggetto ed un altro

Ogni società si differenzia da un'altra per le eredità culturale e sociale trasmesse tramite costumi, norme, valori e tradizioni. L'uomo non potrà mai sradicarsi dalla propria cultura originaria, in quanto la maggior parte di questa è nascosta nel suo processo d'inculturazione. Cultura e società pongono quindi i termini con i quali l'individuo si pone davanti alla realtà, al cui interno si ha la formazione di un simbolico che influenza l'individuo nei vari processi, quali la socializzazione e l'acculturazione [Il concetto di cultura offre un'immagine importante per la focalizzazione degli ideali di vita e delle mentalità dipendenti da un costume nelle varie epoche della storia, nonché del loro mutamento da un periodo all'altro e soprattutto dei differenti (nel tempo) parametri sociologici; il concetto scientifico di cultura, cioè quello elaborato dalla scienza socio-antropologica (con il fine di capire le forme di organizzazione sociale, relazionale e di pensiero di tutti i popoli) ha invece una storia molto più breve; cfr. TYLOR E.B. e A.A.V.V., *Concetto di cultura,* Einaudi, Torino, 1970. E' difatti in quel preciso anno di fine secolo che la nuova scienza si sviluppa nell'ambiente inglese trovando la propria base nel concetto di cultura. L'aspetto socioantropologico chiama un riferimento al modo con cui l'individuo sta "dentro" la sua cultura, la vive, la sente, la fa "sua" in un significato totale della vita. Altri contributi alle diverse interpretazioni della cultura vengono date da Boas Franz, Lowie Robert, Kröber Alfred Louis, Malinowski Bronislaw. Cfr. BENEDICT R., *Modelli di cultura,* Feltrinelli Economica, Milano, 1979].

Oggi l'uomo è condizionato dai valori di una società tecnico-industriale e consumistica; progresso, utilitarismo ed arrivismo determinano il modo di vivere e di comportarsi.

Presi dalla brama dell'affermazione sull'"altro", del possesso e del dominio di cose e persone, dell'efficienza scientifica, l'uomo è stato considerato come postulato assoluto, da usare e sfruttare, senza porsi il problema di studiarlo ed analizzarlo [Cfr. CRESPI F., *Le vie della sociologia, op. cit.*, pp. 374-386].

L'atteggiamento personale di fronte alla realtà e al "tu" necessita di essere continuamente rivisto, affinché l'"altro" possa essere avvicinato in una dimensione civile e di rispetto, in una prospettiva aperta verso la sua riscoperta, verso un'interpretazione mai definitiva e conclusiva del significato dell'esistenza e nell'accettazione del vivere in una condizione di precarietà ed insicurezza. Questi sono i parametri da porre affinché l'"io" possa essere vissuto nell'accettazione di un "tu" lontano e diverso. Occorre quindi rinunciare a cercare una spiegazione definitiva, si deve imparare a vivere in una condizione di precarietà, senza respingere i problemi e senza rifugiarsi nell'*assoluto* e nel *determinato* dei sistemi di sicurezza-dipendenza

[Nell'*Ode I*, 11, Orazio parla a Leuconoe, nome fittizio di una donna, cui forse il poeta è legato da vincolo amoroso, una donna di solito serena e spensierata (come spiega il suo stesso nome), che sembra per un istante al poeta turbata per qualche motivo. Orazio invita Leuconoe a non ricercare quale sia la fine che è stata stabilita per sé e per lui; è meglio accettare quanto verrà e con saggezza cogliere le gioie del giorno presente, senza pensare al domani, senza riporvici alcuna fiducia. Si ritrovano in questi versi sia l'invito a godere il presente, sia la struggente malinconia per il tempo che passa, poiché la vita è così breve. Il tempo è detto inoltre "invidioso" in quanto ci sottrae la gioia; per questo Orazio invita la donna a non essere "fidente" nel domani, ma a "cogliere" la gioia del giorno presente. «Carpe diem, quam minimum credula postero.» Il motivo del *Carpe diem* si ritrova in molti altri scrittori e questo dovrebbe far riflettere sulla fugacità della vita, per cui forse converrebbe non voler essere sempre così schematici e non-probabilistici. Ad esempio in Pindaro (*Pitica X*, 61-63) si legge: «Chi ottiene quanto desidera, afferri il gradito bene presente: poiché è imprevedibile quello che sarà l'anno di poi.» In Euripide (*Alceste*, 783 segg.) si legge: «Non vi è nessuno che sappia se sarò ancora vivo domani... pensa a godere, a bere, e approfitta dell'oggi che è tuo: l'avvenire è della fortuna.» Celebre è inoltre il distico di Lorenzo de' Medici: «Chi vuol essere lieto, sia: / di doman non c'è certezza.» (nel *Trionfo di Bacco e Arianna*)]. Solo accettando di vivere in questi termini, si riesce a costruire un'immagine più chiara e definitiva del proprio "io", che ovviamente non coinciderà con quella che si creano gli altri. La stessa cosa non è uguale per tutti e anche per ciascuno può cambiare di continuo, e difatti cambia di continuo [Cfr. DINI V., *Dispense cattedra di Sociologia delle comunicazioni di massa,* a.a. 1996/97, Scuola diretta a fini speciali per esperti in lingue nel commercio con l'estero]. Anche ciò che si osserva come *apparentemente esterno ed oggettivo* è in effetti riportato in una realtà costruita nella nostra mente e, quindi, *interiore e soggettiva* [Il tema del conflitto tra realtà interna e realtà esterna si ritrova nell'opera di Pirandello L., *Enrico IV.* La scoperta del grigiore, dell'invecchiamento delle cose e di se stessi convincono Enrico, al momento in cui rinsavisce, a non ritornare più nella sua vita autentica. Enrico IV mette in atto tutte le difese possibili contro la realtà e considera gli altri solo come strumenti per dare significato alla sua illusione, poiché non accetta di rientrare nella realtà. Cfr. PIRANDELLO L., *Enrico IV,* Arnoldo Mondadori Editore, Milano, 1993]. *Nessuna* realtà è definibile come *oggettiva*, intrinseca alla realtà osservata, ma dipende sempre dalle proprie preesistenti credenze, convinzioni e, più in generale, dalla propria immagine del mondo. Quindi anche la realtà, che viene considerata esterna, oggettiva, indipendente da tutto e da tutti, è in effetti non una rappresentazione, bensì una costruzione mentale che l'osservatore compie attivamente, anche se inconsapevolmente. Ciò che viene osservato non può prescindere dalle qualità e dalle caratteristiche di chi osserva, né dalle credenze di senso comune su cui ciascuno si basa.

Ognuno tende a conoscersi ed a svilupparsi. L'"io" possiede un'energia socio-psico-fisica che spinge inevitabilmente l'uomo a cercare il "tu" in modo impellente. Ma l'uomo non accetta questo suo bisogno dell'"altro" e, per non ammettere questa dipendenza, usa il dominio mostrando falsamente il suo distacco. Il dominio esiste quindi in quanto l'"io" è costantemente alla ricerca del "tu", ha bisogno del "tu" e se ne deve servire, ma cerca di mostrarsi distaccato, poiché ha fondamentalmente paura di una sconfitta da parte dell'"altro", di un suo abbandono, che lo porterebbe in una situazione di angoscia, solitudine ed esposizione [L'*angoscia* è tutt'uno con il sentimento della *precarietà* e, quindi, dell'essere esposti. C'è un'unione molto stretta fra il fisico e lo psichico; quindi un'interiorizzazione del dolore materiale espresso nella forma dell'ansia, dell'ossessione o/e della malinconia accresce il senso di precarietà: il dolore è infatti simbolo dei limiti e dell'instabilità dell'essere vivente. Il dolore accresce l'angoscia, l'angoscia radicalizza il dolore. Il *dolore* è da intendersi come esposizione al pericolo della perdita di se stesso, in quanto proprio nel dolore nasce e matura il sentimento dell'angoscia come preoccupazione per l'eventuale esposizione. Ogni essere vivente è di per sé esposto al dolore e perciò esposto alla crudeltà dell'esistenza. L'universalità di questo sentimento si radica in questa esposizione al nulla ed il solo fatto di essere esposti rende precari e quindi partecipi al sentimento dell'angoscia stessa. Cfr. CRESPI F., *Esistenza e simbolico*, Feltrinelli Editore, Milano, 1978; NATOLI S., *L'esperienza del dolore. Le forme del patire nella cultura occidentale*, Feltrinelli Editore, Milano, 1987, pp. 25-26].

Il *potere* è proprio la capacità di un soggetto di imporsi al fine di conseguire in modo intenzionale determinati scopi in una sfera specifica della vita sociale o di imporre in essa la propria volontà, nonostante l'eventuale volontà contraria degli altri soggetti. Mentre il potere è il riconoscimento degli altri, il *dominio* è la loro prevaricazione, il loro annullamento: è un esubero di potere. Data questa paura, l'uomo cerca incessantemente di costruire dimore rassicuranti, come la magia, le religioni, la politica, il consumismo, ... L'uomo si rifugia in un sistema di sicurezza non accettando di dover vivere nel rischio dell'"altro", di un eventuale ex-sistere: c'è quindi il rifiuto di uscire dal proprio modello socio-culturale. Fondamentale importanza hanno i gruppi di appartenenza, principali propagatori di sicurezze. Per cogliere il vero senso della vita occorrerebbe, invece, una totale disponibilità a vedere l'"io" come potenzialità da sviluppare, a vedere se stessi sotto aspetti imprevisti e contraddittori, a cercare di capire ed amare l'"altro", senza paura di vivere i sentimenti insorgenti [Cfr. DINI V., *Dispense cattedra di Sociologia delle comunicazioni di massa,* a.a. 1996/97, Scuola diretta a fini speciali per esperti in lingue nel commercio con l'estero]. Il vivere nell'accettazione della precarietà del proprio esistere fa sì che l'individuo riesca a costruirsi un'immagine più chiara e definitiva del proprio "io", che è comunque mutevole ed adattativa [RIMBAUD A. riassume tutta la sua tematica del *veggente* in una sola riga: «C'est faux de dire: Je pense: on devrait dire on me pense.» Cfr. RIMBAUD A., *Lettre du Voyant: lettre à Georges Izambard* du 13 mai 1871, in *Œuvres*, Gallimard, Paris, 1963, pp. 268. Nella lettera a Paul Demeny RIMBAUD A. scrive di essere un altro e ritiene che la coscienza implichi il riconoscimento di se stesso come un altro differente da sé. E per essere questo occorre essere *veggente.* «Car JE est un autre. Je dis qu'il faut être *voyant*, se faire *voyant*.» Cfr. RIMBAUD A., *Lettre du Voyant: lettre à Paul Demeny* du 15 mai 1871, in *op. cit.*, pp. 270. Inoltre cfr. POE E.A., *William Wilson*, in *Great short works of E. A. Poe,* Perennial Classic, New York, 1970, pp. 238. «Let me call myself, for the present, William Wilson»].

Non si è mai la stessa persona, in quanto l'"io" poliedrico che è in ognuno di noi cambia di continuo, sia per se stesso che per tutti gli altri. L'uomo non è, infatti, né unico né autonomo, in quanto possiede molteplici maschere che indossa in base alle sue relazioni con gli altri. L'uomo è quindi tante persone diverse quante sono le persone che entrano in relazione con lui. L'"io" è un essere-per-l'-altro: è quante sono le immagini che se ne fanno gli altri [Il momento della conoscenza passa attraverso una presa di coscienza dell'essere in una precisa realtà: «Così volevo io esser solo. Senza me. Voglio dire senza quel me ch'io già conoscevo, o credevo di conoscere. Solo con un certo estraneo, che già sentivo oscuramente di non poter più levarmi di torno e ch'ero io stesso: *l'estraneo inseparabile da me.* Ne avvertivo uno solo, allora! E già quest'uno, o il bisogno che sentivo di restar solo con esso, di mettermelo davanti per conoscerlo bene e conversare un po' con lui, mi turbava tanto, con un senso tra di ribrezzo e di sgomento. Se per gli altri non ero quel che finora avevo creduto d'essere per me, chi ero io? L'idea che gli altri vedevano in me uno che non ero io quale mi conoscevo; uno che essi soltanto potevano conoscere guardandomi da fuori con occhi che non erano i miei e che mi davano un aspetto destinato a restarmi sempre estraneo, pur essendo in me, pur essendo il mio per loro (un "mio" dunque che non era per me!); una vita nella quale, pur essendo la mia per loro, io non potevo penetrare, quest'idea non mi diede più requie. Come sopportare in me quest'estraneo? quest'estraneo che ero io stesso per me? come non vederlo? come non conoscerlo? come restare per sempre condannato a portarmelo con me, in me, alla vista degli altri e fuori intanto della mia?» Cfr. PIRANDELLO L., *Uno, Nessuno e Centomila*, Arnoldo Mondadori Editore, Milano, 1992, pp. 16-17].

Nonostante tutte le possibili buone premesse, c'è spesso l'incapacità di raggiungere piena comprensione di un "io" diverso, poiché si giudica da una posizione in cui i criteri sono ritenuti i migliori possibili.

Si ritrova sempre una centralità dell'"io", detta *etnocentrismo*, data dall'esperienza cosciente dell'individuo di possedere un'identità personale distinta e separata da tutti gli altri, oggetto dei propri pensieri e delle proprie riflessioni. Occorre comunque prendere in considerazione la personalità di ogni soggetto, la quale è determinata da come l'individuo vive la propria realtà.

1.2 L'importanza degli agenti di socializzazione, del gruppo e delle istituzioni nella formazione dell'individuo sociale

L'uomo è influenzato da una serie di condizioni sociali ed ambientali che, anche se apparentemente elementi esterni, ne condizionano l'agire:

- *condizioni dell'ambiente naturale:* la natura del territorio, del clima, della morfologia del paese influenzano i vari tipi di società. Inoltre l'aspetto naturale è percepito all'interno di una rappresentazione culturale del mondo e dei significati dell'esperienza esistenziale: tutto dipende da come i fattori naturali interagiscono con i diversi fattori psicologici, culturali e sociali;

- *strutture del sistema sociale:* è comunque molto difficile isolare gli elementi puramente naturali da quelli messi in opera dall'uomo; lo stesso ambiente è difatti sempre il risultato dell'azione di trasformazione posta in essere dall'uomo;

- *dimensione tempo:* influenza ogni relazione.

Passato, presente e futuro sono importantissimi per l'interpretazione dell'agire umano;

- *caratteristiche demografiche e stratificazione sociale:* il numero e la densità delle persone che compongono un gruppo sociale possono infatti determinare il tipo di relazioni che si svolgono all'interno del gruppo stesso ed il tipo di struttura sociale che si crea [Cfr. CRESPI F., *Le vie della sociologia, op. cit.*, pp. 393-408].

Gli stessi concetti morali, alla base di molte religioni, determinano i modi con cui uomini e donne possono fra loro avvicinarsi [I contatti corporei fra maschi e femmine durante la crescita vengono quasi sempre interrotti per affinare, mediante l'isolamento dei sessi, il senso di appartenenza in vista di un ruolo da mantenere; mentre nella maggior parte delle culture è concessa al maschio una certa libertà, alla donna sono date restrizioni fisiche anche in vista della tutela della verginità. Cfr. KARDINER A., *L'individuo e la sua società,* Bompiani, Milano, 1965, pp. 263-279]. Le relazioni formali pubbliche e quelle intime sono regolate da norme, le prime scritte, le altre lasciate alla tradizione sociale. In Occidente le regole hanno sancito luoghi, tempi e misure di vicinanza fino a dire dove un atto cinesico poteva essere considerato nel *bene* o nel *male*. Le distanze erano ugualmente determinate, i corpi non potevano oltrepassare certi limiti di vicinanza; in effetti ogni *infrazione* assumeva subito un preciso significato.

Il secondo punto in particolare assume un'importanza speciale nell'analisi dell'uomo sociale inserito in un certo contesto e in una determinata realtà. E' di fatto evidente come determinati fattori influenzano la socializzazione di ogni individuo: questi si chiamano *agenti di socializzazione*.

Nella società contemporanea quelli che hanno particolare importanza sono: il *gruppo dei pari* [Il gruppo dei pari è un insieme di individui che hanno lo stesso status sociale, la stessa età e che interagiscono tra loro. Ha un ruolo molto importante per il ragazzo che cerca di uscire dai primi sistemi relazionali (famiglia e scuola) che vengono percepiti sempre con maggior distacco. Il bisogno di appartenere ad un gruppo affiora quando vengono percepite nuove dimensioni del sé, nuovi bisogni e potenzialità, da definire e sviluppare. Il gruppo dei pari non è infatti un sistema gerarchico rigido cui dover sottostare, ma è un gruppo spontaneo, dove tutti hanno il diritto di sperimentare certi ruoli. Anche se non rigidamente strutturato, ha comunque norme e regole di comportamento, una gerarchia, un sistema di valori da rispettare. Il tutto non è però vissuto come obbligo, in quanto l'individuo decide liberamente di aderirvi. Il gruppo dei pari soddisfa il bisogno di appartenere ad una realtà sociale in cui riconoscersi e da cui avere riconoscimento e dà spazio e possibilità di sperimentare rappresentazioni diverse del sé, grazie a cui scoprire cosa manifestare del proprio sé e come manifestarlo agli altri. Ognuno cercherà di accentuare quei lati che trovano maggior approvazione e riconoscimento nel gruppo e dal gruppo. Un gruppo più particolare è quello sportivo il quale, anche se apparentemente sembra un gruppo dei pari, lo è solo fino ad un certo livello, in quanto lo sport agonistico ha una propria struttura gerarchica molto forte, per cui non può essere considerato un gruppo dei pari se non al solo livello dilettantistico. Cfr. CHELI E. e RENZINI R., *Giovani a rischio e prevenzione ecosistemica. Spunti per uno sviluppo dei potenziali individuali e sociali di autorganizzazione creativa*, USL 10 di Firenze, Firenze, 1995, pp. 142-143], la famiglia, la scuola, lo sport, i mezzi di comunicazione di massa ed il lavoro [Il lavoro ha un ruolo molto importante nella vita di ognuno di noi, in quanto non rappresenta solo un mezzo per sopperire a necessità economiche e di indipendenza, ma anche un modo per occupare costruttivamente una parte consistente della giornata. Anche il fattore "lavoro" non può essere considerato dal solo punto di vista soggettivo, in quanto varia nel tempo in funzione delle necessità ed esigenze delle persone. La dinamicità che caratterizza gli elementi culturali, tecnologici, organizzativi e sociali comporta nascita, trasformazione e morte sempre più frequente di lavori e professioni. Il know-how dei mestieri tradizionali subisce innovazioni e cambiamenti spesso radicali e si trova a dover competere con nuove mansioni ed attività caratterizzate da contenuti culturali e professionali sempre nuovi e particolari. Prendendo in considerazione l'importanza data in misura sempre maggiore alle interazioni fra i vari ambiti, il lavoro non va più inteso come singolo ed autonomo svolgimento di meccanismi spesso predefiniti, ma come fenomeno socio-culturale; solo da pochi decenni si dà infatti importanza ad un aspetto prima troppo spesso sottovalutato: la *formazione*. Questa viene svolta analizzando e rispettando i vari aspetti della vita: quello sociale, economico, giuridico, ideologico, culturale, professionale, morale e familiare. La formazione è di fatto cosa diversa dall'*apprendimento*, durante il quale il soggetto deve imparare assolutamente ogni processo ed ogni aspetto del lavoro considerato. La formazione è un'operazione di carattere educativo che ha lo scopo di portare cambiamenti comportamentali che sono collegati e/o necessari per compiere le azioni che configurano un ruolo, un compito, una responsabilità, adattati ad una nuova realtà. Ma, ovviamente, la condizione primaria del successo risiede nel fortunato incontro tra gli obiettivi di formazione e gli obiettivi individuali. Cfr. CHELI E. e RENZINI R., *op. cit.*, pp. 36-37; VESTRELLA P., *Introduzione,* in FERNANDEZ J., *Formazione con successo*, Franco Angeli, Milano, 1992, pp. 11-13]. Ovviamente l'influenza di questi fattori in ogni individuo dipende da più elementi: dal suo ciclo di vita, dal suo status sociale, dalla sua inclinazione personale.

Nell'ambito di una stessa cultura esistono profonde differenze fra il comportamento di un soggetto e quello di un altro, ma, al di sopra di queste differenze, ci sono somiglianze che rivelano l'esistenza di orientamenti comportamentalistici generali che, come schemi-guida, si trasmettono ai nuovi membri di un gruppo portatore di una data cultura. Tutti gli esseri umani hanno comunque delle caratteristiche ed abilità che, nonostante differiscano da gruppo a gruppo nelle loro forme specifiche, sono comunque riconoscibili a livello generale. La più essenziale di queste capacità è quella di apprendere ed utilizzare un linguaggio. Un'importante tendenza universale degli esseri umani è poi quella di organizzarsi in strutture gerarchiche.

Un *gruppo* è un insieme di individui tra i quali si sono stabiliti, di persona o a distanza, spontaneamente o per costrizione esterna, processi d'interazione sociale relativamente intensi e durevoli sulla base di interessi strumentali, affettivi e morali, derivanti da una o più caratteristiche comuni, quali la professione, il genere di lavoro, il settore e il luogo di occupazione, l'affiliazione religiosa o politica, lo status economico o giuridico [Cfr. GALLINO L., *Dizionario di Sociologia*, Utet, Torino, 1978]. Il gruppo deve avere dei confini al fine di poter distinguere i membri dai non-membri; deve favorire l'instaurarsi di un tessuto sociale, di una rete di comunicazioni ed interrelazioni. Il gruppo non è un dato scontato, ma l'obiettivo da perseguire rispettando i tempi e le tappe necessarie al raggiungimento della sua maturazione: è difatti qualcosa di più che la semplice somma degli individui che lo compongono, se non altro perché questo trae la sua forza dalla tradizione, poiché "trattiene" il tempo [Il rapporto fra tempo, tradizione ed atti operativi quotidiani diventa il canale maggiormente indicativo della rappresentazione che in ogni momento gli altri danno di sé in modo che sia chiara la concezione del simbolico e dell'esistenza. "Stare" all'interno di un gruppo vuol dire nutrirsi di un tempo dell'appartenenza. Le dinamiche interattive cinesiche e prossemiche non sempre sono definite totalmente da regole, ma sono percepibili dai modi di pensare che i contenuti dei modelli culturali sottilmente nascondono. L'accettazione di un membro del gruppo è cioè tanto più forte quanto questo è percepito simile a se stessi, poiché l'immagine che gli altri si costruiscono di lui fa riferimento alla loro stessa immagine; più l'individuo risponde a certe caratteristiche, uniformandosi al gruppo, più viene valutato positivamente. E' infatti fondamentale, nella formazione e nell'identificazione di un gruppo, la tendenza alla soddisfazione dei bisogni ritenuti importanti dai suoi membri. Cfr. BENEDICT R., op. cit., pp. 230-231; BERGER L.P. e LUCKMAN T.,

La realtà come costruzione sociale, Il Mulino, Bologna, 1969; WOLF M., *Sociologia della vita quotidiana,* Espresso Strumenti, Milano, 1979. «Affinché un gruppo non si disgreghi (e questo vale anche per una società di calcio con giocatori e tifosi) occorre analogia di caratteristiche e il perseguimento di fini comuni. Simboli, tradizioni e stereotipi estetici sono fattori rinforzanti importantissimi nella dinamica della coesione interna. Non a caso quando la struttura va in crisi, si apre subito una rete informale di comunicazione interna al gruppo che spacca quella ufficiale esautorandola.» Cfr. FACCHINI F., *Il training autogeno nel calcio*, Società Stampa Sportiva, Roma, 1992, pp. 63-64].

I membri del gruppo condividono un senso di *appartenenza*: l'uomo è effettivamente alla continua ricerca di modelli al fine di soddisfare il suo bisogno di riconoscimento sociale. L'esasperazione dell'appartenenza ad un gruppo, ad un'etnia, ..., è intesa come *diritto* a porsi in una condizione di superiorità rispetto a coloro che non vi appartengono. Gli effetti dell'appartenenza, intesa in senso assoluto, porta i facenti parte a coinvolgimenti esasperati e di elevata violenza [Un importante esempio di questi "fenomeni di massa" si ha prendendo in considerazione i *neo-nazisti* o *nazi-skin* soprattutto nella Ex-DDR, dove i giovani hanno perduto la loro identità e dove i "perdenti" sottomettono i più deboli con slogan inneggianti il periodo hitleriano e dove questi "perdenti" fanno forza unita contro i "diversi" non appartenenti al popolo tedesco, con parole come: "Deutschland den Deutschen / Ausländer raus!" (la Germania ai tedeschi / fuori gli stranieri)]. Il gruppo diventa una specie di gigantesca macchina umana dove ciascuno si sente corporeamente *"dentro"* [L'elemento competitivo si ripropone come continua ricerca di "prestigio" e risposta al sistema di sicurezza dell'individuo come conquista di un riconoscimento e possibilmente di un ruolo. Gli elementi competitivi passano attraverso la tecnica di dominio come conquista di diritto a mezzi di sussistenza ed a valori di considerazione le cui gradazioni sono infinite. «In ogni società la crescita dell'individuo è interpretata socialmente come un approssimarsi allo stato di efficienza produttiva. Nella nostra società la divisione del lavoro crea all'individuo problemi speciali. Le tecniche sono così numerose che ogni individuo deve scegliere in base alle sue attitudini, alle possibilità o al caso. Molte persone lavorano insieme perseguendo uno scopo comune e dallo sforzo collettivo ciascuno trae i mezzi di sussistenza.» Tuttavia è presente una differenza elevata fra divisione delle funzioni e cooperazione; anche nella stessa competizione giovanile, lo stare "dentro" la cultura comporta un atto di cooperazione con la medesima e di adesione ai compiti anche ludici che si prospettano come futuro ruolo di responsabilità per l'adulto. Le forme d'inculturazione promuovono in tal senso un avvio alle forme competitive, tali da stabilire una graduatoria fra i concorrenti. Il tema della vittoria implica dunque un forte riconoscimento già all'interno del gruppo familiare per estendersi poi a quello scolastico, del gruppo di coetanei, ... L'incapacità di raggiungere un dato risultato tocca inevitabilmente le dinamiche di prestigio, causando situazioni di ansia e di perenne competizione nei confronti dei sistemi del gruppo. L'atteggiamento di rivalità, purtroppo, presuppone l'effetto di generare ostilità, invidia, desiderio di nuocere al rivale, di diminuirne il prestigio. Quando il senso della competizione diventa esasperato si possono avere degli atteggiamenti aggressivi che la società tenta comunque di controllare attraverso forme occulte o palesi di repressione. Cfr. KARDINER A., *op. cit.*, pp. 73-83]. E' una sensazione rassicurante che investe ogni approccio: cinesica e prossemica si fondono, anche se i livelli sono diversi [Anche quando il sentirsi legati e dipendenti da una molteplicità di altri fattori opprime e fa sentire "schiavi" di persone e sistemi, occorre riflettere e capire che ognuno di noi abbisogna di questi al fine di essere riconosciuto. Cfr. PIRANDELLO L., *Il fu Mattia Pascal*, Arnoldo Mondadori Editore, Milano, 1988, pp. 96. «La mia fortuna - dovevo convincermene - la mia fortuna consisteva appunto in questo: nell'essermi liberato della moglie, della suocera, dei debiti, delle afflizioni umilianti della mia prima vita. Ora, ero libero del tutto. Non mi bastava? Eh via, avevo ancora tutta una vita innanzi a me. Per il momento... chi sa quanti erano soli com'ero io!»]. Essere "dentro" la cultura vuol dire mantenere giornalmente il proprio processo di inculturazione-socializzazione con ogni stimolo culturale e d'interazione fra i corpi; purtroppo la rappresentazione della propria cultura e la sua traduzione diventano oltre modo difficili per tutti coloro che, pur essendo nati "dentro" quella cultura, materialmente non beneficiano di alcuni processi di rappresentazione e comunicazione; sono questi i casi dei portatori di handicap, in particolare i menomati della locomozione, della presa tattile, della vista, dell'udito, della voce e di coloro che purtroppo inglobano questi disagi in maniera totale.

La vita di relazione, sia nella cinesica come nella prossemica, richiama codici ed una "cultura" particolari affinché l'individuo possa calarsi, attraverso uno specifico linguaggio, almeno parzialmente "dentro" la propria cultura [Qualsiasi portatore di handicap si troverà di certo completamente a suo agio fra altri portatori del suo stesso handicap in quanto, anche nel migliore dei casi, e cioè, anche se trovasse la piena accettazione e comprensione da tutti gli altri, non potrebbe vivere la sua dimensione se non anche a contatto con altri "simili". In modo molto emozionante SACKS O., nel suo libro L'isola dei senza colore, Adelphi Edizioni, Milano, 1997, descrive l'incontro avvenuto durante un viaggio a scopo medico-scientifico a Pingelap, un'isola della Micronesia nell'Oceano Pacifico, fra uno scienziato norvegese affetto da acromatopsia (o cecità cromatica, che comporta che il soggetto colpito percepisca tutti i colori solo come luminanze diverse) ed un gruppo di bambini acromatopsici. «Sebbene Knut conoscesse la letteratura scientifica, e si fosse occasionalmente imbattuto in altri acromatopsici, non era in alcun modo preparato al colpo che avvertì nel trovarsi letteralmente circondato da individui come lui, straniero ai quali si sentì legato da un'immediata affinità anche se vivevano dall'altra parte del mondo», pp. 53-54. Subito qualche riga dopo, lo scrittore aggiunge la seguente nota: «Una simile sensazione di affinità potrebbe cogliere un viaggiatore sordo, che dopo aver attraversato il mare o il mondo, s'imbattesse al suo arrivo in altri sordi.» Nel 1814, l'educatore francese Laurent Clerc, non udente, visitò la scuola per sordi di Londra; questa è la descrizione dell'evento data da un contemporaneo che vi assistette: «Non appena Clerc vide questa scena (i bambini che stavano pranzando) si animò in viso; era agitato come lo sarebbe un viaggiatore sensibile che incontrasse, tutto a un tratto, in una regione remota, una colonia di suoi compatrioti... Clerc li avvicinò. Fece dei segni, e quelli risposero a segni. Questa comunicazione inattesa produsse in loro una sensazione dolcissima; per noi fu l'espressione di una sensibilità che ci diede una straordinaria gioia interiore.» Qualcosa di simile accadde quando andai con Lowell Handler, un amico affetto dalla *sindrome di Tourette*, in una remota comunità mennonita nel nord dell'Alberta, dove una forma genetica della sindrome è divenuta eccezionalmente comune. Alquanto teso, sulle prime, nello sforzo di esibire il suo comportamento migliore, Lowell riuscì per un pò a sopprimere i suoi tic; ma dopo qualche minuto gli sfuggì una stridula risata *tourettica*, a tutto volume. Come sempre accade, tutti si voltarono a guardarlo; poi però sorrisero - avevano capito, loro - e alcuni addirittura risposero a Lowell con i loro tic e i loro versi. Circondato da altri tourettici, dai suoi fratelli tourettici, Lowell sentiva per molti aspetti di essere finalmente "tornato a casa", ribattezzò il villaggio Tourettesville e rimuginò sull'idea di sposare una bella donna mennonita e tourettica e di vivere là felici e contenti per sempre].

Queste persone, anche se menomate, grazie all'ausilio di attrezzature e strumenti particolari, riescono comunque a soddisfare certe esigenze e ad essere non solo autosufficienti, ma anche in grado di fare cose, come, ad esempio, le gare sportive, che in genere sono ritenute fattibili dalle persone "normali" e con certe caratteristiche e qualità [Cfr. DINI V., *Dispense cattedra di Sociologia delle comunicazioni di massa*, a.a. 1996/97, Scuola diretta a fini speciali per esperti in lingue nel commercio con l'estero; FRANCESCATO G., *Il linguaggio infantile - Strutturazione e apprendimento*, Einaudi, Torino, 1970].

E' comunque necessario decodificare le interazioni ed i movimenti, come ad esempio la fase esaltante dell'offesa e della difesa, cioè quando il fisico di ogni partecipante tende ad avvicinarsi sempre più al compagno [Nelle forme competitive ancora cruente presenti in molte culture anche europee, la competizione, pur mantenendosi su aspetti ludici, viene a manifestarsi per rottura di equilibrio in una rappresentazione di offesa e di scadimento del ruolo. I sentimenti, quando consolidati nel "prestigio" primitivo della cultura, possono manifestarsi con la totale distruzione dell'"altro"; è questa una considerazione che è facile rilevare in modo particolare in questi ultimi tempi in cui i mezzi di comunicazione di massa sono stati più "generosi" nel fornire notizie in proposito. La competizione, con tutti i suoi riti, mantiene un'aderenza al mito costituente; c'è sempre una risposta di platealità e bisogno di "presenza" che testimonino il vincitore ed il vinto. In molti casi, purtroppo, la competizione degenera fino all'uccisione del rivale. A tale proposito vale un riferimento all'opera di KARDINER A., *op. cit.,* quando affronta l'analisi di culture tradizionali ed in particolare la struttura della personalità di base ed i sistemi di sicurezza. Ved. pp. 129-144.]

Gruppo e folla, sebbene con identità diverse, hanno questo movimento prossemico molto simile: "fare quadrato" vuol dire dare e fare corpo unico, creando una creatura gigantesca in grado di muoversi ed interagire come una possente macchina evocatrice di grandi drammi, di passioni, di lotte, di linciaggi, di consensi.

E' necessario studiare il fenomeno "gruppo" se si vuole capire la storia del comportamento umano, tenendo comunque conto che il comportamento di gruppo è pur sempre il comportamento di singoli individui. Per ogni cosa che viene fatta, si tiene sempre conto delle aspettative degli altri membri in quanto il gruppo è un insieme di persone i cui status e i cui ruoli sono collegati. Ogni persona occupa una o più posizioni socialmente definite, determinate sì da caratteristiche biologiche, ma soprattutto da dimensioni culturali.

Ognuna di queste posizioni si chiama *status*. Ogni status comporta un insieme di modelli di comportamento attesi, di doveri e di diritti: ogni status comporta cioè un *ruolo*.

Le persone hanno numerosi status, a ciascuno dei quali sono connessi molteplici ruoli nell'espletamento degli obblighi e delle relazioni sociali. Le appartenenze di un individuo sono infatti multiple (famiglia, etnia, genere, professione, credo politico o religioso) e ognuno ha le proprie forme di mediazione e i suoi ruoli particolari, che possono talvolta essere in contrasto fra loro. L'aspetto che si presenta agli altri è strettamente connesso allo status che il soggetto rappresenta di volta in volta e all'adesione al ruolo relativo [La società è organizzata sul principio che qualsiasi persona, a cui è dato riconoscimento di un certo *status*, abbia il diritto morale di essere trattata in modo appropriato; c'è un rapporto profondo fra status e ruolo, per cui gli altri si attendono che ci sia una rappresentazione corretta del ruolo, mediante le azioni personali. Nel rapporto fra status e ruolo ci si attende che il processo interattivo si svolga sul mantenimento e sul rispetto delle due realtà, per cui chi ha lo status genitoriale dovrà dimostrare di esercitare un ruolo responsabile nei confronti dei figli, così uno sportivo, un insegnante, ... Il funzionalismo di Goffman tende a sopravvalutare le cose come necessarie solo per il fatto che esistono; tende ad insistere sulle interazioni formali, forse non valutando che la gente sta diventando a poco a poco sempre più flessibile, cioè disposta a tollerare una realtà più ambigua e perciò più libera (ved. partecipazione di Clinton al Convegno Gay). Cfr. GOFFMAN E., *La vita quotidiana come rappresentazione*, Il Mulino, Bologna, 1969.

La poesia *Familiale* di Prévert J. evidenzia la passiva accettazione cui l'uomo si sottomette obbedendo alla sua esperienza. Cfr. PREVERT J., *Familiale*, in *Poesie*, Guanda Editore, Parma, 1992, p. 30.

La mère fait du tricot
Le fils fait la guerre
Elle trouve ça tout naturel la mère
Et le père qu'est-ce qu'il fait le père?
Il fait des affaires
Il trouve ça tout naturel le père
Et le fils et le fil
Qu'est-ce qu'il trouve le fils?
Il ne trouve rien absolument rien le fils
Le fils sa mère fait du tricot son père des affaires lui la guerre
Quand il aura fini la guerre
Il fera des affaires avec son père

La guerre continue la mère continue elle tricote

Le père continue il fait des affaires

Le fils est tué il ne continue plus

Le père et la mère vont au cimetière

Ils trouvent ça tout naturel le père et la mère

La vie continue la vie avec le tricot la guerre les affaires

Les affaires la guerre le tricot la guerre

Les affaires les affaires et les affaires

La vie le cimetière.]

Fin dall'infanzia s'insegna il comportamento da tenere nelle varie situazioni [Cfr. ROBERTSON I., *Sociologia*, edizione italiana a cura di DEI M., Zanichelli, Bologna, 1988, cap. 4]; i bambini sono sottoposti ad un intenso processo di socializzazione, che si realizza tramite le forme culturali che regolano il parto, l'allattamento, l'abbigliamento [Dale Guthrie R. mette in evidenza l'importanza dell'"adeguarsi" alle varie situazioni sfruttando anche l'abbigliamento con i suoi accessori. Cfr. DALE GUTHRIE R., *I segni segreti del corpo*, Lyra libri, Como, 1987, pp. 183-189], le relazioni con i familiari e le relazioni esterne, le abitudini alimentari, le esperienze di lavoro. E' presente una disciplina di valori-atteggiamenti che la cultura propone fin dai primi anni di vita alla propria inculturazione/socializzazione [Cfr. DINI V., *op. cit.*]. Tutti questi elementi determinano il rapporto dell'uomo con il corpo e con i suoi bisogni. Il materiale fornito dall'ambiente sociale, mediato da selezioni ed elaborazioni personali, costituisce il *mondo interno* del soggetto, che si trova sempre in relazione con il *mondo esterno*, costituito dai rapporti che il soggetto intrattiene con gli altri e con le cose. Il soggetto entra in relazione con i suoi simili ma, grazie alla propria capacità di riflessione, riesce a preservare la sua *diversità*, anche se nel timore di essere diversi. L'*identità individuale* richiede in realtà di essere riconosciuti e, al tempo stesso, di distinguersi dagli altri per non perdersi nell'anonimato. La totalità dell'uomo è quindi formata da due aspetti interdipendenti:

- un'*identità personale*, risultato dell'elaborazione interna, dell'esperienza e dell'immagine che il soggetto ha di sé: è la base dell'individualità ed unicità dell'esistenza di un singolo essere umano;

- un'*identità sociale*, corrispondente all'immagine che il soggetto dà di sé agli altri nei processi d'interazione e comunicazione; è indicativa della classe, del tipo di categoria sociale cui appartiene oppure del genere di ruolo che riveste [Cfr. CRESPI F., *Le vie della sociologia*, op. cit., pp. 364-368].

Gli individui sociali esistono nel contesto di una rete di relazioni nell'ambito del quale si confrontano con coloro che appartengono al loro stesso gruppo.

L'uomo vive contemporaneamente due realtà: l'individualismo ed il collettivismo. Gli individui riconoscono quindi di avere un essere personale ed un essere sociale. E' comunque evidente come, nel contesto di entrambi questi due aspetti dell'essere, l'individualità sia strettamente legata alla fisicità.

L'uomo come essere fisico è dotato di *corporeità*. Per essere riconosciuto come persona dagli altri e tra gli altri, l'individuo deve essere identificabile in base alle caratteristiche tipiche delle persone riconosciute nel e dal proprio gruppo e, al tempo stesso, deve essere identificabile in modo univoco in base al proprio aspetto corporeo [Cfr. HARRE' R., *L'uomo sociale*, edizione italiana a cura di PEDRAZZA M., Raffaello Cortina Editore, Milano, 1994, pp. XI-XVII]. L'*aspetto esteriore* è strettamente connesso alla proiezione all'esterno di ciò che l'uomo è o vorrebbe essere [L'aspetto fisico, cioè la conformazione tipica di ognuno, contraddistingue l'individuo dagli altri anche grazie ad altri elementi accessori, quali trucco, acconciatura, cura del corpo. L'aspetto esteriore viene usato in modo tale da evidenziare quelle caratteristiche che ciascuno preferisce siano percepite dagli altri; molte componenti dell'aspetto esteriore sono infatti sotto il controllo volontario della persona, e pertanto possono essere in parte modificate dalla persona stessa. L'aspetto esteriore trasmette molti messaggi: personalità, status sociale e ruoli, età, sesso, atteggiamenti interpersonali, professione. Nel 1989 Umberto Eco osserva a proposito dell'abbigliamento: «Nei vestiti ciò che realmente serve a coprire (nel senso di difendere dal caldo o dal freddo e di occultare le "nudità" ritenute vergognose) non supera il 50% dell'insieme. Il resto è comunicazione.» Nonostante tutti i buoni propositi, l'apparenza è difatti uno degli elementi determinanti del primo approccio con l'"altro", in quanto il modo di presentarsi è il primo strumento a disposizione per "conoscere" una persona. Ovviamente il tutto dipende anche dai valori etici a cui ognuno dà la priorità; occorre perlomeno fare in modo che un giudizio dato al primo impatto non si trasformi in pregiudizio costante.].

Status, ruoli, gruppi e valori sociali formano *istituzioni*. Queste possono essere definite come sistemi relativamente stabili di relazione, retti da norme specifiche, che assolvono a funzioni ed interessi della vita sociale. Sono forme di mediazione simbolica, prodotti culturali che, nella loro interazione con l'esperienza vissuta, producono a loro volta cultura; sono sorte come risposta degli individui a specifici bisogni della società in cui si trovano; sono costituite da una duplice struttura interdipendente: da una parte ci sono gli individui che assumono i ruoli, dall'altra si hanno invece le pratiche sociali [Circa il rapporto fra status-ruolo delle persone e le istituzioni cfr. il lavoro di GORI M. e TANGA M., *L'apprendimento motorio fra mente e cervello. Le basi neurofisiologiche dell'azione*, Calzetti-Mariucci, Perugia, 1996 ed in particolare il cap. VIII, dove si discute intorno all'azione, ai contesti, alle occasioni, agli ambiti propri di ciascun individuo nei momenti quotidiani del suo apprendimento]. Così l'istituzione famiglia fornisce ai bambini processi educativi e le cure di cui necessitano, stabilisce la differenziazione dei ruoli e costituisce una delle principali fonti di moralità; l'istituzione religione fornisce un insieme di valori etici e morali; l'istituzione politica distribuisce potere e mantiene ordine; l'istituzione economica fornisce beni e servizi; l'istituzione scuola trasmette ai giovani conoscenze culturali e formali e tramanda il patrimonio simbolico accumulato nell'esperienza storica della società [Cfr. ROBERTSON I., *op. cit.*, pp. 88-90].

Un'istituzione non è costituita solamente dalle sue manifestazioni quotidiane, ma anche dalle abitudini, dai pregiudizi, dalle credenze, dalle conoscenze e dalle aspettative dei membri che la compongono, del pubblico che la riconosce e dei terzi con i quali è in comunicazione [Cfr. HARRE' R., *op. cit.*, pp. 58-62].

Per comprendere un individuo non è sufficiente misurare il suo comportamento in riferimento alla *normalità* fissata arbitrariamente dalla "sua" società. E' necessario esaminare anche il rapporto fra le sue reazioni ed il comportamento che le istituzioni della "sua" cultura hanno eretto a norma. La maggior parte degli individui assume quindi il comportamento dettato dalla società cui appartiene, ma questo non è la regola per tutti. Ci sono infatti individui il cui comportamento non trova conferme nelle istituzioni: le loro reazioni si ritrovano in quei comportamenti che la loro cultura non ha voluto far propri. Questi non hanno saputo adeguarsi alle forme tradizionali della società in cui sono nati, e vengono denominati *anormali, outsider* [Il termine *outsider* ha il suo equivalente nella lingua tedesca nella parola *Aussteiger*. Con questo termine vengono indicate quelle persone (generalmente di un'istruzione medio-superiore) che "scendono dal veicolo sociale" in quanto rifiutano questa società del benessere generale, della pienezza, dell'empietà per tornare ad una vita molto semplice nelle campagne abbandonate italiane, francesi e dell'America centrale affrontando, nella maggior parte dei casi, una vita dura e di sacrifici alla ricerca di se stesse]. La loro *diversità* sta proprio nel non trovare conferma alle loro inclinazioni nell'etica tradizionale [Cfr. BENEDICT R., *op. cit.*, pp. 253-256].

L'analisi del comportamento umano non può quindi prescindere dallo studio delle istituzioni offerte da ogni società, così come l'analisi di una qualsiasi istituzione non può prescindere dall'analisi delle altre istituzioni e dal contesto storico-socio-culturale in cui sono calate. Nell'analisi dei processi sociali non è inoltre possibile prescindere dall'influenza che hanno i condizionamenti materiali di tipo fisico-naturale ed economico sull'agire individuale e collettivo né dal carattere oggettivato che assumono le immagini del mondo ed i modelli di comportamento; occorre però comprendere come tali condizioni ed oggettivazioni siano a loro volta collegate con l'azione sociale.

1.3 Potere, dominio e violenza come elementi costitutivi dell'individuo sociale

Alla base di ogni tipo di relazione sta il *potere*. Questo può essere visto secondo più accezioni:

- potere come capacità di far fare o di impedire di fare, indipendentemente dagli interessi e dalla volontà dei subordinati;

- potere su base consensuale, cioè colui che esercita il potere è ritenuto abilitato all'esercizio dello stesso;

- potere come funzione del sistema sociale e garanzia della sua efficienza, in quanto strumento per il conseguimento di fini comunemente condivisi;

- potere come causa di conflitto, in quanto può assumere carattere repressivo e distruttivo;

- potere come scusa per suddividere la società, al fine di giustificare la disuguaglianza delle posizioni e l'asimmetria dei rapporti;

- potere in termini di struttura e di conflitto fra interessi contrapposti, come puro prodotto di condizioni storico-sociali.

Nella prima fase della sua vita l'individuo vive una condizione di assoluta dipendenza dalle forme d'identità che la società cui appartiene gli propone: il suo vivere "dentro" una società dipende esclusivamente dal riconoscimento degli altri, riconoscimento che è condizionato dall'assunzione di identità socialmente codificate. Se l'individuo riesce ad avere una relativa autonomia rispetto alle forme di mediazione che gli assicurano un'identità, allora riuscirà a gestire in modo sempre migliore il rapporto fra l'esigenza di determinatezza (cioè d'identità personale e sociale) e l'esigenza d'indeterminatezza (cioè di differenziarsi dalle forme che la società gli impone). Proprio dalla capacità di gestire le contraddizioni del rapporto determinatezza-indeterminatezza nasce il *potere intrinseco* del soggetto, definibile come la capacità di far uso dell'identità senza assolutilizzarla, riconoscendo al tempo stesso la sua necessità ed il suo limite. L'individuo delinea questo suo potere impegnandosi nell'identità senza aver paura di finire nell'ignoto. Il soggetto che è riuscito a sviluppare il suo potere intrinseco ha raggiunto una relativa autonomia, che gli permetterà di riconoscere la relativa autonomia dell'"altro", ma anche la relativa dipendenza dall'"altro", stabilendo così le condizioni per un reciproco riconoscimento.

Anche il *potere estrinseco* si basa sulla capacità di gestione delle contraddizioni legate al rapporto determinato-indeterminato anche se, in questo caso, tale capacità non si sviluppa all'interno del soggetto stesso, ma a livello delle relazioni sociali, dove non importa che essa sia un'effettiva capacità del soggetto, ma è sufficiente che sia una capacità che gli altri gli attribuiscono. Infatti l'*identità personale* dei soggetti non coincide mai totalmente con la loro *identità sociale*: ci dovrebbe essere la piena consapevolezza dell'inconciliabilità della situazione esistenziale e sociale.

Il potere è comunque cosa ben diversa dal *dominio*, cioè dalla volontà di un'illimitata affermazione di sé, che trova espressione nella negazione dell'autonomia dell'"altro" e nella pura riduzione

dell'"altro" ad oggetto e strumento del proprio arbitrio.
Mentre il dominio è considerato come qualcosa di
negativo, al potere è riconosciuta un'importanza
insostituibile per la costituzione ed il mantenimento
dell'ordine sociale, strettamente collegati al
funzionamento delle forme di mediazione simbolico-
normative. C'è infatti l'esigenza sociale di attribuire la
figura di *soggetto di potere* a determinate persone
che hanno il ruolo di "rappresentanti della legge" [E'
evidente che, nelle dinamiche di potere, gli atti cinesici e quelli
prossemici possono assumere una connotazione essenziale agli
effetti comunicativi. Infatti sono questi i comunicatori della
tolleranza, del consenso o della reazione anche drammatica ad un
gesto o ad un avvicinamento corporeo di una persona all'altra. I
modelli socio-culturali del rispetto e quelli della violenza trovano la
loro realizzazione nella dimensione del potere come essenziale
riconoscimento civile dell'"altro" o nel dominio come offesa e
negazione dell'"altro". L'individuo infatti agisce ed è agito. Le
cronache quotidiane sono colme di questi esempi. Alcuni
meriterebbero di essere indicati per la loro frequenza. Perfino
nell'ambito sportivo, in particolare negli sport dove gli interessi
venali del guadagno e della vittoria ad ogni costo sono più frequenti,
si assiste alla manipolazione della verità, del fatto oggettivo; non
solo, ma anche nelle attività dilettantistiche (oggi legate a forme di
forte sponsorizzazione commerciale, industriale, ...) si assiste alla

frode, all'atto violento anche fra gli stessi atleti. Si assiste così all'evento drammatico che comporta sempre una "vittima" ed un "carnefice", un corrotto ed un corruttore. Occorrerebbe essere invece registratori oggettivi della realtà, analizzando razionalmente gli incontri con gli altri individui sociali, analizzando il reale, evidenziando l'univocità di certe espressioni e al tempo stesso le loro differenze, con la consapevolezza che si ha bisogno di specifici codici per comunicare. Cfr. CRESPI F., *Le vie della sociologia, op. cit.*, cap. 9].

Purtroppo, al fine di conquistare potere, anche temporaneo, troppo spesso vengono usate forme distruttive e violente: competizione, prevaricazione, onnipotenza, crudeltà, legittimazione di atti violenti, disobbedienza, conflitti, distruzione dei valori simbolici e materiali degli altri. Dall'altra parte ci può essere accettazione, impotenza, disperazione, ma anche rivolta al dominio [I conflitti di prestigio, pur tenendo insieme un gruppo, si manifestano intensamente quando vengono attribuiti incarichi, premi e riconoscimenti; non è facile il problema di adattamento ad uno scadimento del proprio ruolo o all'immagine di se stesso, anche se con gli altri sono condivisi momenti di compresenza fisica quotidiana (parentela, lavoro, tempo libero). Cfr. KARDINER A., *L'individuo e la sua società*, Bompiani, Milano, 1965, pp. 235-248].

L'atto di trasgressione ha ovviamente origini ben

diverse per ognuno di noi e la sua stessa valutazione dipende dalla propria esperienza. Ogni gruppo sociale ha difatti generalmente ben definiti i confini del lecito, i concetti di bene e male; nella società-cultura di ogni popolo ci sono tutte le possibili risposte di un conflitto come di un'intesa e, generalmente, la violenza segna la vita di ogni individuo ed istituzione [Sul libro *La realtà come costruzione sociale* si richiama lo studio sulle origini delle istituzionalizzazioni e delle tradizioni sedimentate in una cultura; infatti agli universi simbolici, conservati e codificati per ogni espressione corporea, si deve il modo di essere di ogni società-cultura. Le stesse forme di socializzazione, nelle loro differenze fra gruppo e gruppo, indicano comunque come gli elementi fondamentali delle interazioni fisico-culturali siano stati acquisiti. La realtà è quindi composta dalla conservazione di universi comunicativi, trasmissibili e di universi che, di volta in volta, vengono acquisiti o corretti; ogni realtà si presenta tuttavia soggettivamente quanto oggettivamente. Cfr. BERGER L.P. e LUCKMANN T., *La realtà come costruzione sociale*, Il Mulino, Bologna, 1969, pp. 13-73, 179-202]. Tali situazioni devono essere capite e studiate in rapporto alle interazioni quotidiane. Infatti ogni soggetto è in relazione con una molteplicità di situazioni, di ambienti, di fenomeni, di organismi, ovvero con sistemi viventi già organizzati prima ancora della sua nascita. L'uomo si crede libero e capace di programmare ed attuare le sue intenzioni, ma in realtà non conosce ciò che è e che sarà, né ciò che fa o che verrà dalle sue azioni.

Ogni individuo è un sistema obbligato ad interagire con altri sistemi individuali e globali, regolati da norme, forme di controllo, codici di comunicazione, di comportamento, di gerarchie del dominio sugli altri. Proprio la capacità e la possibilità dell'uomo di rifiutare e distruggere consapevolmente l'"altro" rende la società umana una realtà non naturale, bensì artificiale. Infatti l'uomo è libero di osservare e rispettare o meno le regole che la sua cultura propone per la vita collettiva.

Il modo di stare insieme degli uomini, la loro partecipazione sociale e le loro interazioni non sono dettate dalla stessa spontaneità immediata degli animali, ma sono mediate dall'utilizzazione, dalla presenza e dai condizionamenti della cultura interiorizzata. Ciò che animali ed organismi vegetali vivono spontaneamente nella loro immediatezza viene vissuto dall'uomo attraverso la *mediazione culturale*, determinata dalla presa di coscienza di sé.

1.4 Totalità, globalizzazione del sistema ed estensioni dell'uomo sociale

La cultura si sovrappone e si sostituisce all'ordine naturale, in quanto esprime aspetti propri dell'esperienza esistenziale, oltre alle esigenze di autoconservazione [Cfr. DINI V., *Dispense cattedra di Sociologia delle comunicazioni di massa*, a.a. 1996/97, Scuola diretta a fini speciali per esperti in lingue nel commercio con l'estero]. La cultura, però, anche se definibile come *mediazione rappresentativa della realtà e dei significati dell'esistenza*, è molto riduttiva rispetto alla ricchezza del reale. Niente può essere visto, vissuto o inteso come *a sé stante*: ogni fenomeno esiste solo ed esclusivamente come *totalità*. Tale totalità va coniugata con l'*organizzazione*: ogni cosa va vista come un *sistema*, insieme di interrelazioni tra gli oggetti e le loro caratteristiche. L'organizzazione è alla base di un sistema, poiché lega in modo *interdipendente* gli elementi che lo costituiscono. Ogni sistema è inserito in un *ambiente*; l'ambiente di un sistema è costituito dall'insieme di tutti gli oggetti tali che un cambiamento nelle loro caratteristiche influenza il sistema e viceversa. All'interno di un sistema ogni attività svolta dalle parti si riflette su tutti gli altri: in positivo, se positiva, in negativo, se negativa.

Il principio dell'*interdipendenza* implica quello della *non-sommatività* degli elementi di un sistema: il comportamento di un sistema non è spiegabile con la semplice somma degli elementi che lo costituiscono, bensì con il loro prodotto. Il sistema è quindi una totalità, i cui componenti sono interconnessi in un'unica rete comunicativa che opera a molteplici livelli. Un adeguato livello di interconnessione e collaborazione dovrebbe far sì che ogni attività non resti isolata, ma venga inserita in un contesto sistemico composto da più operatori tra loro interagenti; dovrebbe quindi creare un sistema di cui siano chiaramente percepibili le interconnessioni interne, i canali comunicativi ed organizzativi che collegano le parti tra loro e le rendono effettivamente un tutto. Ogni sistema ha *capacità di autoriorganizzarsi*, ma questa è ostacolata da fattori che svolgono funzioni *omeostatiche*. Ogni individuo non solo possiede omeostati interni, ma è inserito in ambienti omeostatizzati, dalla famiglia al gruppo di amici alla società in generale. Al polo opposto dell'omeostasi troviamo fattori generatori come *crescita* ed *evoluzione*. Mentre l'omeostasi sostiene che "meno si cambia e meglio è", per la crescita "è sempre possibile cambiare in meglio". Pur puntando entrambe al benessere del sistema, tuttavia divergono sul *cosa* debba intendersi per *benessere* e *come* esso vada raggiunto. Secondo l'*approccio ecosistemico* lo scopo è quello di stabilire un *equilibrio soddisfacente* tra le esigenze del sistema quale totalità, le esigenze delle singole componenti del sistema e quelle dei sistemi di cui il sistema è a sua volta parte componente [Nei rapporti tra soggetto e strutture va considerata la funzione elevata del potere come componente mediativa delle norme (simbolico), affinché queste siano interiorizzate dal soggetto di potere sociale mediante la comprensione della complessità; compito del potere è comunque quello di rassicurare il soggetto di fronte agli eventi imprevedibili. Cfr. CHELI E. e RENZINI R., *op, cit.*, pp. 58-88; CRESPI F., *Le vie della sociologia, op. cit.*, pp. 419-445 e pp. 475-482; DINI V., *Innovazione e resistenza al cambiamento*, Ed. Marsilio, Venezia,

1981, pp. 7-16].

La *famiglia* è il sistema che risente in modo maggiore delle influenze di carattere omeostatico derivanti dalla cultura di appartenenza. Nel corso del processo di inculturazione/socializzazione i bambini appartenenti a famiglie socialmente (e quindi anche culturalmente) svantaggiate apprendono ed interiorizzano un bagaglio culturale e linguistico non solo più povero rispetto ai loro coetanei di altra estrazione, ma persino qualitativamente diverso da quello cui s'ispira la scuola: diverso nei valori, nelle credenze, nei modelli di comportamento, negli scopi, negli obiettivi. Questa povertà e diversità culturali, che si tramandano attraverso la famiglia, sono una delle principali cause dell'insuccesso scolastico e del comportamento deviante di molti studenti. La *scuola* non è in grado di tener conto della pluralità dei codici, sia culturali che comunicativi, di cui sono portatori i fanciulli, i quali *riportano* ciò che hanno *vissuto*.

La pluralità degli aspetti, delle cause e delle conseguenze che determinano il proprio essere ha comunque permesso il sorgere di un nuovo movimento, detto *globalizzazione*. Tutto va difatti visto nel proprio contesto, che è a sua volta in relazione con tutti gli altri contesti. E' sufficiente vedere come oggi i mercati e la produzione nei diversi paesi sono sempre più dipendenti fra loro, grazie ai movimenti di capitale ed allo sviluppo tecnologico.

Da un po' di anni è presente la necessità di inserire ogni paese ed ogni impresa in mercati mondiali sempre più aperti, nei quali le innovazioni tecnologiche fanno sì che bisogni e, di conseguenza, interi settori economici nascano e muoiano molto rapidamente. Tale trasformazione è però combattuta dalle varie tradizioni e da una serie interminabile di interessi contrapposti. E' per questo che la globalizzazione del mercato e della produzione si traduce spesso in tensioni economiche e finanziarie. Ciononostante proprio l'ideologia di liberalizzare l'economia e sopprimere forme superate e degradate d'intervento statale ha coniato il nuovo concetto della globalizzazione. Tale concetto si può riscontrare nell'economia, anche se è sorto come necessità dei singoli, proprio perché i bisogni delle persone si riflettono in ogni aspetto del loro vivere. Lo scontro tra culture globalizzanti è sempre più evidente, basta vedere l'eterogeneità dei gruppi etnici, delle religioni, delle imprese multinazionali e dei gruppi professionali e d'interesse. Ma si deve trovare il modo di vivere uniti nel rispetto delle differenze, cercando di focalizzare regole universali che possano costituire la base di una società civile globale [Cfr. TOURAINE A. e A.A.V.V., *L'ideologia della globalizzazione*, in Villaggio Globale, Internazionale, Roma, 2/96, pp. 9-12].

L'uomo ha sviluppato e specializzato le sue *estensioni*, creando la dimensione della cultura, di cui la prossemica è soltanto una parte. L'uomo è così riuscito a sfruttare le sue capacità e le sue abilità creando mezzi e strumenti in grado di aiutarlo nei suoi compiti e doveri fino ad arrivare a sostituirlo; per questo si parla di *estensioni*, intendendo con tale termine proprio l'atto con cui l'uomo ha esteso le sue potenzialità esternizzandole e materializzandole [Il cieco ha bisogno del bastone. La sua mente dipende da questo strumento. Il bastone è una protesi che filtra l'informazione disponibile e rende accessibili determinate esperienze. Ma tutti noi, in un certo senso, siamo ciechi: esploriamo la realtà con l'aiuto di strumenti, conosciamo le cose ed agiamo nel mondo attraverso artefatti. Questi ultimi sono interfacce che collegano i nostri progetti con le opportunità presenti nell'ambiente. Ecco perché, nel momento in cui fungono da mezzi per realizzare i nostri progetti, queste realtà "esterne", strumenti ed artefatti di ogni tipo, diventano in qualche modo "parte di noi". Come il bastone con cui il cieco esplora la strada non è che un prolungamento della sua mente, così gli strumenti di cui gli individui si servono per interagire con l'ambiente non sono né "fuori" della mente né "dentro" di essa, ma in entrambi i luoghi. E' quindi evidente come sia difficile tracciare un confine netto tra la mente ed il mondo esterno. Cfr. MANTOVANI G., *Il bastone del cieco*, in "Psicologia contemporanea", n. 144, 1997, pp. 38-41]. Il telefono è ritenuto ad esempio l'estensione della mano dell'uomo e il computer l'estensione del suo cervello. Questi oggetti diventano così importanti da evidenziare una prossemica con essi, in quanto vengono "personificati" e viene dato loro un valore non solo oggettivo, ma anche soggettivo ed affettivo. C'è una morbosa passione per quegli oggetti che per ognuno assumono un significato "umano" in quanto permettono un collegamento che, magari a causa di una grande distanza, non sarebbe possibile. Si pensi al ruolo che viene svolto sia dal telefono che dal cellulare, il quale costituisce anche un sistema di sicurezza. Lettere e fotografie svolgono un ruolo primario in questo bisogno dell'"altro", che viene massimizzato con la *visualizzazione*, poiché la virtualità di vedersi nello schermo offre il senso di una presenza quasi reale. Questo ruolo può essere svolto anche da qualsiasi altro oggetto (una canzone, una penna, una caramella, un fiore, un libro, un maglione, ...), poiché assieme all'oggetto viene "vista" e rivissuta una situazione particolare; l'oggetto diventa di vitale importanza grazie ad una serie di associazioni di idee. Tutto questo diventa ancora più importante negli scambi affettivi e d'amore, quando cioè cuore e mente sono "presi" dalla personificazione e contestualizzazione di un oggetto che chiaramente è unico solo per poche persone. Il telefono è uno degli strumenti che permette di soddisfare il bisogno dell'"altro". E' per questo che la chiusura di una comunicazione porta solitudine, vuoto, bisogno della voce dell'"altro" e delle sue rassicurazioni.

Nel corso del tempo c'è stato un graduale sviluppo

delle tecnologie (scrittura, grammofono, telegrafo, macchina per scrivere, telescrivente, macchina fotografica, radio, fino ad arrivare al computer) che hanno cercato di soddisfare l'esigenza dell'"altro" dando speranza e creando la sensazione dell'altrui presenza. Si pensi ad esempio a quanto possa essere carico di tensione e di forti emozioni il momento in cui viene aperta una lettera o un telegramma o il momento in cui suona il telefono. Chiaramente ci può essere la delusione che il mittente o l'interlocutore non sia la persona sperata. La felicità di questo nuovo "messaggio" non risarcisce mai totalmente la delusione e la tristezza di non sentire l'"altro" che era nei propri pensieri, l'unico "altro" che avrebbe potuto soddisfare le proprie esigenze ed i propri bisogni in quel momento [Con la poesia *L'amour à la robote* PREVERT J. evidenzia come l'uomo sia dipendente e condizionato dagli oggetti e dalle macchine da egli stesso costruite, fino al punto di esserne completamente dipendente, quando non addirittura schiavo. Cfr. PREVERT J., *L'amour à la robote*, in *Poesie, op. cit.*, p.196.

Un homme écrit à la machine une lettre d'amour et la machine
   répond à l'homme et à la main et à la place de la destinataire
Elle est tellement perfectionnée la machine

la machine à laver les chèques et les lettres d'amour

Et l'homme confortablement installé dans sa machine à habiter lit à
la machine à lire la réponse de la machine à écrire

Et dans sa machine à rêver avec sa machine à calculer il achète
une machine à faire l'amour

Et dans sa machine à réaliser les rêves il fait l'amour à la machine à
écrire à la machine à faire l'amour

Et la machine le trompe avec un machin
un machin à mourir de rire.]

Non sempre però questi oggetti sono positivi, poiché talvolta non costruiscono il rapporto con l'"altro", ma lo distruggono, in quanto vengono messi in una situazione troppo privilegiata nella scala dei valori. Si pensi ad esempio a come la televisione distrugge il rapporto e la comunicazione familiare. Quasi tutti si mangia con la televisione accesa e, anche se fisicamente vicini con i nostri familiari, non si partecipa emotivamente, in quanto si ascolta e si segue la televisione; il dialogo viene sempre interrotto bruscamente dall'annuncio di una notizia o di un programma. L'uomo si è reso schiavo di questo "oggetto" fino al punto di limitarsi a parlare durante le interruzioni pubblicitarie. Inoltre la televisione presenta modelli di riferimento spesso non-realistici ma che, al tempo stesso, invogliano ad identificarcisi. Sono infatti spesso rappresentati livelli d'integrazione sociale ambìti, ma realisticamente irraggiungibili [Cfr. CHELI. E., *La realtà mediata*, Franco Angeli, Milano, 1992]. Perciò l'individuo s'impoverisce come tale e come partner per gli altri.

Lo spazio fra se stessi e l'"altro" viene invece ridotto in determinate circostanze senza sentirsi né a disagio né in imbarazzo, poiché si è tutti insieme legati per un motivo: allo stadio, ad un concerto, in una discoteca, durante uno sciopero e tutte le altre manifestazioni in cui i corpi "finiscono" veramente con il proprio confine materiale, si è tutti insieme a formare un corpo unico legati da qualcosa che in quel momento fa sentire tutti uguali.

L'organizzazione intorno ad un soggetto agente è intimamente connessa al processo di costituzione di impliciti confini spaziali. Allo stesso modo in cui l'uomo struttura il microspazio, influenza anche il macrospazio: il suo atteggiamento si riflette sull'organizzazione dello spazio nelle case e quindi nell'urbanistica e nella progettazione architettonica.

E' per questo che il senso umano dello spazio è strettamente connesso al senso del personale, che è in intimo rapporto di transazione con l'ambiente. E' dunque necessario che architetti, urbanisti e costruttori considerino l'uomo come un *interlocutore* col suo ambiente, un ambiente a cui ora viene data forma, senza preoccuparsi dei bisogni prossemici dell'uomo.

E' contro la natura stessa dell'uomo agire come se, l'uomo da una parte, le case, le città, la tecnologia ed il linguaggio dall'altra, fossero entità separate. L'uomo ed il complesso delle sue estensioni costituiscono un unico sistema di interrelazioni. Oggi *si sente*, ad esempio, di non essere più gli uomini delle cattedrali, dei palazzi signorili, ma dei grandi alberghi e grattacieli. Tuttavia alcuni luoghi restano squallidi e vengono vissuti anche con dolore ed infamia: ci si può riferire ai ghetti delle periferie come ai vissuti nelle grandi stazioni ferroviarie e metropolitane, dove i "rifiuti" umani vanno a cercare un pò di calore. Questo è uno spazio oggi non più individuabile, ma luogo storico della miseria e della sofferenza degli uomini, ovvero uno di quegli spazi un tempo periferici ma oggi, dopo la manomissione delle ruspe, residenziali e del benessere.

Il rapporto dell'uomo col mondo delle proprie estensioni culturali è la continuazione della relazione animale-habitat [Cfr. HALL E.T., *La Dimensione Nascosta*, Bompiani, Milano, 1968, cap. XIII]. L'uomo *sente* lo spazio e la sua percezione dello spazio è dinamica, perché connessa all'azione. Occorrerebbe iniziare a pensare che i confini del proprio "io" si estendono oltre il corpo, che cioè il "confine" dell'uomo non coincide con quello del suo proprio corpo. Per capire questo occorre abbandonare subito la pretesa di arrivare ad avere per tutto una spiegazione unica, univoca e definitiva.

2 Il corpo. Linguaggio mimo-gestuale ed importanza del simbolico

Il fatto che ognuno sottopone qualsiasi cosa alla propria riflessione ed interpretazione rende il mondo significativo, ma anche simbolico. Tutto è scandito da simboli, i quali hanno un significato solo perché arbitrariamente la gente gliene assegna uno concordemente. Da qui si è sviluppata la *cinesica*, disciplina che organizza le conoscenze relative alla significatività delle forme espressive mimo-gestuali. Simboli e segni possono essere compresi solo da persone che, avendo lo stesso background culturale, attribuiscono loro un uguale significato, spesso tacito. Il simbolo deve venire correttamente recepito e capito, affinché possa assumere la valenza significativa riconosciutagli. Uno dei parametri simbolici più significativi e comunicativi nelle interazioni con gli altri è dato dal *linguaggio mimo-gestuale* [E' l'insieme di gesti, posture, azioni di regolazione della distanza interpersonale, delle espressioni mimiche, dell'uso dello sguardo, del contatto fisico, che costituisce un potente mezzo di comunicazione e che giunge a diventare espressione artistica nella recitazione e nella danza. Tutto questo può essere integrato con la comunicazione verbale e para-verbale. Il linguaggio dei gesti più conosciuto è quello dei sordomuti, che si è sviluppato per circa 800 anni fino a diventare un sistema di notevole complessità e profondità. Altri codici ben definiti sono quelli dei vigili urbani, degli arbitri sportivi, dei subacquei e dei marinai], il quale viene studiato dalla *cinesica*.

I gesti hanno un'importanza insostituibile. Le parole vanno bene per i fatti e le idee, ma senza gesti la vita sociale umana diverrebbe un processo meccanico, freddo. Vengono usati quotidianamente un numero indefinibile di gesti, ognuno determinato da una storia propria: talora personale, talora culturale e in certi casi biologica. I gesti, anche se di per sé univocamente significativi, acquistano una loro identità in un più ampio contesto cinesico, in dipendenza dalla combinazione con altri fatti cinesici. I gesti vengono trasmessi attraverso i cinque sensi (odorato, tatto, gusto, vista, udito) [Dal lavoro di ECO U., *Segno,* Isedi, Milano, 1973, emerge chiaramente l'importanza dei cinque sensi di cui però l'uomo, pur essendone dotato, ha perso perlomeno in parte l'importanza.

Odorato: vi appartengono vari sintomi ed indizi (come l'odore del cibo) ed alcuni segni artificiali (come i profumi).

Tatto: fra gli altri, vi appartengono i gesti delle dita con cui comunicano i sordomuti.

Gusto: con i vari sapori si può cercare di comunicare intenzionalmente un messaggio.

Vista: vi appartengono numerose categorie di segni, dalle immagini alle lettere dell'alfabeto, dai disegni alle note musicali, dall'alfabeto Morse ai simboli matematico-scientifici.

Udito: vi appartengono i segnali acustici di vario tipo, come i suoni ed i rumori, ma, più importante di tutti, i segni del linguaggio verbale]

e grazie a questi vengono ricevuti per trasformarli in messaggio. Sono però pochi i gesti che hanno lo stesso significato a livello mondiale e questi concernono soprattutto bisogni fisici o fisiologici

[Anche nell'antichità, mentre il linguaggio del gesto differiva da tribù a tribù, è con esso che si intendevano le tribù che non avevano lo stesso linguaggio: il gesto assumeva quindi una funzione utilitaria. Quindi il gesto è sempre stato contemporaneamente universale e particolare, ed è sempre servito per comunicare. Anche se in tutte le culture si usano le stesse parti del corpo (espressioni facciali, gesti, comportamenti spaziali, ...) è diverso il modo in cui le parti del corpo vengono utilizzate. Ciononostante non esiste comunque mai un movimento fine a se stesso, ma è sempre inserito in un contesto, in una situazione: è cioè sempre un gesto].

Spesso la distribuzione geografica di un gesto coincide con le divisioni linguistiche e nazionali. Ma non di rado accade che un gesto cambi di significato all'interno di un paese linguisticamente omogeneo. I confini gestuali non corrispondenti a barriere di lingua e costumi né a barriere naturali costituiscono un problema tutto particolare. Oltre alle barriere linguistiche e geografiche, molti altri fattori ostacolano l'espandersi di un gesto: pregiudizi culturali, barriere religiose ed ideologiche, tabù gestuali, particolarità gestuali, nicchie gestuali, sostituzioni gestuali [I *pregiudizi culturali* sono determinati dal fatto che, a volte, due culture confinanti sviluppano un pregiudizio contro i loro reciproci usi: adottare il gesto straniero sarebbe visto come un gesto di slealtà; *barriere religiose ed ideologiche* sono provate dal fatto che l'espansione di qualsiasi gesto, legato ad un particolare credo religioso o politico, trova forti ostacoli al di fuori delle zone d'influenza di tale ideologia; anche l'esistenza di *tabù locali* possono pregiudicare l'espansione del gesto; la *particolarità gestuale* si ha in quanto un gesto simbolico basato su un elemento locale (un cibo, un animale, un'abitudine particolare) non avrebbe significato negli altri paesi per cui non si diffonderebbe mai; se una cultura ha già un gesto per esprimere un'idea non accetterà mai un gesto straniero che esprime lo stesso messaggio, perché la sua *nicchia* è già occupata ed il nuovo gesto sarebbe superfluo; i gesti inoltre, proprio come le espressioni gergali, possono *passare di moda* ed essere sostituiti. Cfr. MORRIS D., *I gesti - Origine e diffusione*, Arnoldo

Mondadori Editore, Milano, 1983, pp. 319-328].

L'errata interpretazione dei gesti è causata da due fattori principali:

1) fenomeno della sovrapposizione, che si ha quando il significato di un gesto invade l'area di significato di un altro;

2) non coincidenza di significato fra una zona ed un'altra; si ha nel caso del viaggiatore straniero che arriva in una zona senza essersi preoccupato del locale repertorio gestuale.

In analogia con il sistema linguistico, anche per la cinesica sono state individuate le unità minime dotate di valore differenziale, i *cinémi*, i quali si definiscono come classi di *cini* (in linguistica si parla invece di *foni* e *fonemi*). Le unità minime si combinano poi al fine di formare unità cinesiche significative sempre più complesse. Il *cine* è difatti l'elemento minimo di movimento corporeo percepibile, dotato o meno di significatività. Una sequenza di *cini* con significatività propria entro una data comunità culturale è detta *cinéma*, gesto. Un insieme di *cinémi* costituisce un *comportamento cinesico comunicativo*, cioè la capacità specificatamente umana di comunicare per mezzo di un sistema di segni mimo-gestuali caratterizzati da uno specifico contenuto simbolico; l'insieme di questi comportamenti costituisce lo *stile* con il quale l'uomo si propone agli altri. Allo stesso modo del linguaggio, esistono *dialetti cinesici* [Il bambino "parla" prima di saper "parlare", in quanto fin dalla nascita incomincia ad interiorizzare i vari sistemi di comunicazione propri del contesto culturale in cui si trova; i problemi nascono generalmente nel momento in cui egli si confronta con altri bambini, in quanto spesso il reciproco "bagaglio culturale" non solo è diverso, ma è incomprensibile l'uno all'altro. «Non sempre la scuola è in grado di tener conto della pluralità dei codici culturali e di comunicazione di cui sono portatori i fanciulli, né dell'importanza della formazione dialettale, paradialettale e cinesica prescolastica che nel fanciullo non è soltanto convenzionale arrangiamento, ma piuttosto manifestazione di idee concrete perché intuite e già vissute nella cultura di origine.» Questo non tanto per un motivo tecnico di non-funzionalità dell'istituzione scolastica, ma in quanto ogni vissuto è assolutamente diverso da qualsiasi altro: la scuola ha infatti un ruolo di intermediazione che però purtroppo non rispecchierà mai esattamente le reali esigenze del bambino. Cfr. DINI V., *Cenni di cinesica culturale, op. cit.,* pp. 15-34].

Mentre questa è una classificazione largamente riconosciuta, è molto discusso cosa si debba intendere praticamente con il termine *gesto*. Ci sono autori che ritengono il "gesto" un comportamento dotato di una particolare autonomia, per cui parte dell'intero comportamento comunicativo dell'uomo; altri lo considerano comportamento standardizzato e tradizionale, quasi parte dei costumi; comunemente questo termine viene invece usato in senso più largo, come sinonimo di comportamento motorio dell'uomo, indipendentemente dal fatto che questo sia o meno un comportamento di tipo comunicativo. Tutti i comportamenti sono capaci di significare; si può però distinguere se un comportamento cinesico sia direttamente intenzionale alla comunicazione o meno [La scienza che studia tutti i tipi di segni prodotti in base ad un codice accettato nell'ambito della vita sociale e le relazioni fra significati e significanti è detta *semiotica* o *semiologia*; con tale termine s'intende la teoria e lo studio di ogni tipo di segno (linguistico, visivo, gestuale, ...) prodotto in base ad un codice accettato nell'ambito della vita sociale. Cfr. COCCHIARA C., *Il linguaggio del gesto*, Sellerio Editore, Palermo, 1977, pp. 16-19].

Conoscenza e memoria articolano la grande rete cognitiva e rappresentativa dei segni. Affrontare il problema è il passo per conoscere e poi ricordare, ma l'uomo non sempre è in grado di penetrare a fondo nelle conoscenze, anche se deve ricordare fatti e cose per necessità e per la sua stessa sopravvivenza; per questo ciascuno è interessato a costruirsi il suo piccolo laboratorio dove il proprio corpo trova misure e movimenti adatti, cioè risoluzioni. Gesticolazione e motricità naturale si immettono nel quadro rappresentativo della realtà, diventano comunicazione e linguaggio insieme, fino a raccogliere gli elementi più importanti di una cultura [Ognuno vive le proprie emozioni ed intenzioni come tensioni e distensioni muscolari, le quali devono essere analizzate assieme a molti altri fenomeni al fine di poter fare l'esame di una cultura, proprio perché le emozioni e le intenzioni sono tensioni e distensioni muscolari, vissute dall'uomo in quanto essere vivente. E' difatti assolutamente evidente che ogni soggetto portatore di una data cultura si atteggi, intoni la propria voce, si muova secondo certi stili comportamentalistici che, imparati da giovani, determinano ed influenzano le emozioni e le intenzioni. Evidenti comportamenti determinati da schemi propri di ciascuna cultura sono, ad esempio, il modo in cui gli uomini si comportano verso le donne e viceversa, il modo in cui ci si comporta rispetto a familiari, amici, anziani ed outsider, il modo in cui si reagisce ai vari eventi (naturali, fisiologici, emotivi), il modo in cui si è predisposti a preferire certi ritmi musicali invece di altri. Tutti questi aspetti, in quanto vissuti dagli uomini, sono schemi di tensioni e distensioni neuromuscolari, cioè sono schemi motori degli organismi umani. Cfr. RIVERSO E., *Individuo, società e cultura,* Armando, Roma, 1971, pp. 22-23].

2.1 La loquacità dell'abbigliamento

Dale Guthrie R., ne *I segni segreti del corpo, op. cit.*, pp. 183-189, affronta il problema dell'importanza e dell'influenza assunta dall'abbigliamento nelle varie situazioni e, perciò, la necessità che questo sia sempre consono alle varie realtà. Sostiene difatti che anche l'abbigliamento, oltre ad essere legato ad un fatto culturale, è legato al proprio status/ruolo. Per certi tipi di professione è ancora richiesto, o preferibile, adottare abiti "adeguati alla situazione". Si richiede di presentare un'immagine consona alle circostanze in cui si è di volta in volta coinvolti, poiché l'immagine che viene data viene sempre e comunque raccolta ed interpretata. Anche secondo Veblen T. l'abbigliamento indica, al primo colpo d'occhio, la propria posizione finanziaria. E' per questo che la maggior parte della spesa sostenuta da tutte le classi per vestirsi è fatta per amore di un'apparenza rispettabile ed impeccabile, piuttosto che per la protezione della persona. Nessuno sarà, infatti, più "povero" di colui che viene meno al criterio stabilito dalla società a proposito del vestire. Si rinuncia quindi a comodità ed agio pur di apparire "ben" vestiti. Il valore commerciale degli articoli usati per vestirsi è calcolato in base alla loro novità e rispettabilità, più che in base al loro servizio materiale. E' per tutto questo che la legge del consumismo trova speciale espressione nell'abbigliamento. Ciò che spinge ad acquistare abiti vistosamente costosi è tanto il bisogno di uniformarsi alle usanze stabilite quanto la necessità di vivere secondo il tenore accreditato dal gusto e dalla rispettabilità. Il semplice consumismo è il primo segno di successo finanziario e, quindi, di dignità sociale. Vestiti di questa significatività hanno inoltre lo scopo di dichiarare che chi li porta non si occupa di nessun genere di lavoro produttivo. E' palese che nessun vestito può essere considerato elegante se mostra tracce di lavoro manuale. Quindi gli abiti eleganti, oltre mostrare che chi li porta è capace di consumare un valore relativamente grande, svela che questo è in grado di consumare senza produrre.

L'abbigliamento delle donne mostra ancor di più quest'astensione da ogni occupazione produttiva. Gli abiti devono essere continuamente aggiornati, per essere al passo con le mode. Anche questo principio della novità è interrelato con il consumo sfrenato. Ovviamente, se ogni vestito può servire solo per un periodo di tempo molto limitato, la spesa superflua aumenta, per forza di cose, di continuo [Cfr. VEBLEN T., *L'abbigliamento come espressione della cultura finanziaria*, in *La teoria della classe agiata*, Einaudi, Torino, 1949, pp. 136-150].

L'abbigliamento, quando viene utilizzato da un individuo ritenuto "normale" (anche indipendentemente da un pregiudizio) richiama fortemente i segni dell'appartenenza ad una "casta" di privilegiati; quando l'osservato è invece un portatore di handicap, i rapporti possono diventare abissali. La competenza ortopedica ha consentito uno sviluppo tecnologico rilevante circa la costruzione di arti sussidiari, in grado di fornire una tutela al portatore di handicap. Anche per chi indossa un indumento sportivo, lo stesso vestire può accentuare o diminuire gli elementi della "differenza".

Lo stesso abbigliamento sportivo trova utilizzazione compensativa quando viene tagliato e cucito appositamente per rendere meno vistosa la "differenza". Tuttavia, quando più portatori di handicap si ritrovano per un raduno sportivo o come semplice utilizzazione del tempo libero, tendono a ricercare forme di vestire che, pur non nascondendo l'handicap, danno un'idea d'identità dignitosa del gruppo. In particolare nei paesi anglosassoni, dove la pratica sportiva del portatore di handicap è particolarmente curata, l'attenzione al vestire in un certo modo tende a favorire l'accorpamento fra simili, con il tentativo di riduzione dell'ansia e l'acquisizione di un'identità con tutti i diritti dell'essere "dentro" una cultura.

Se si vuole analizzare il valore dell'abbigliamento in ambito sportivo, occorre innanzitutto tener presenti due aspetti: uno riferito all'abbigliamento sportivo professionale ed agonistico ed un altro all'abbigliamento dello sport praticato individualmente. Nel primo caso l'abbigliamento è rappresentato da indumenti che costituiscono un'idea uniforme tale da caratterizzare la coesività del gruppo in un'identificazione di comportamenti e dell'anima del gruppo stesso. E' evidente che l'uniforme (da qualcuno indicata anche come "divisa") tende a rispettare le esigenze sociali e culturali degli appartenenti, la stessa finalità perseguita dalla squadra e gli aspetti visivamente impegnativi capaci di denotare l'identità collettiva del gruppo. Le trasformazioni che l'abbigliamento sportivo ha avuto negli ultimi quarant'anni richiamano ad atteggiamenti e valori tipici e fondamentalmente sentiti dai sostenitori della squadra; si è formata infatti una moda abbigliativa che, da una parte, è tipica dei giocatori (ad esempio, vedendo l'abbigliamento di un atleta si può con certezza stabilire quale sport pratica in quanto l'abbigliamento delle squadre di calcio è ben diverso da quello usato dai giocatori di baseball, ancora diverso da quello usato per praticare la palla a nuoto e così via) e dall'altra tenta di qualificare i caratteri ideologici caratteristici del gruppo con caratteristiche varie a seconda delle influenze dirigenziali. Si nota infatti un'accentuazione nella presenza di distintivi indicatori piccoli o grandi, dal cappello con visiera, ai foulard, alle giacche a vento tipiche, ... Un secondo caso prende invece in considerazione l'abbigliamento dello sport praticato individualmente o con amici come attività sportiva non agonistica. In questo caso l'abbigliamento vuol differenziarsi dalle costrizioni "imposte" dalla routine della vita giornaliera, per cui è di solito espressione di libertà e manifestazione della propria corporeità. Gli indumenti indossati avranno quindi «la sola funzione di servire l'attività che viene svolta, di proteggere il corpo e di permettergli di esprimersi liberamente». L'abbigliamento varierà ancora in base al tipo di sport praticato: corsa e jogging richiedono difatti un "equipaggiamento" diverso da quello necessario per svolgere attività sportiva nelle palestre. «In questo caso l'abbigliamento subisce un'influenza della moda per cui, oltre che diretto alla funzione sportiva, svolge anche funzione di presentazione e a volte anche di esibizione del proprio sé.» [Bianca M. fa un'ulteriore distinzione a riguardo; inoltre specifica che diverso è l'abbigliamento usato nel tempo libero. Anche in questo caso la scelta del capo da indossare è determinata dalla necessità e convinzione di manifestare la propria libertà e rottura della routine quotidiana; inoltre l'abbigliamento, generalmente disordinato e poco curato, «si presenta come l'opposto delle uniformi e, pur entro i canoni del costume, si muove liberamente in riferimento al gusto individuale.» Cfr. BIANCA M., *Psicologia dell'abbigliamento*, Pontecorboli, Firenze, 1993, pp. 305-306].

Gli elementi etnografici sono serviti anche nei contesti sportivi a provocare forti differenze nella tenuta dell'abbigliamento sia durante la preparazione atletica sia in occasione delle diverse competizioni. Gli stessi indumenti usati ad esempio nelle lotte marziali, pur avendo una specifica funzione pratica, rispondono ad elementi di costume e di origine dello sport competitivo. Nella storia conflittuale nipponica si trovano raffinati significati per ognuno dei pezzi utilizzati per l'atto competitivo. Dalla fase iniziatica fino al momento agonistico, la cultura del simbolico si propone in un accostamento magico-religioso; c'è uno scambio cerimoniale obbligato dove ad un "dare" deve corrispondere un "ricambiare" anche come pensiero dell'atto del "ricevere" fino a trattarsi quasi di un dono obbligato che ogni soggetto civilmente introdotto in un gruppo deve fare in risposta alle regole [Già Mauss M., nella sua opera socio-antropologica più rilevante, invita a tenere conto che ogni atto fisico, anche quello meno appariscente, contiene formule e regole ben precise, sia che il corpo abbia una ricopertura di indumenti sia nella sua nudità. L'avvicinarsi ad un altro è un atto comunicativo minimo di scambio anche se i due soggetti rimangono in silenzio. Lo scambio sottinteso passa obbligatoriamente attraverso l'abbigliamento; infatti un soggetto offre il suo vestire alla conoscenza ed accettazione o meno dell'"altro" fino alla drastica e rigorosa esclusione o accettazione. Anche questi atti possono rientrare in una forma obbligata del "dare" e possiedono tecniche corporee dall'inizio alla fine dell'incontro con aspetti formali e, di norma, fissati preliminarmente. Ogni operazione competitiva, nel suo significato magico-religioso, si basa sull'insieme di unità mai perdute a livello inconscio. Cfr. MAUSS M., *Sociologie et anthropologie,* Presses Universitaires, Paris, 1960, pp. XVII-XL]. I saperi tradizionali, passati da uno sport etnico o nazionale a tutte le altre nazioni del mondo, si trascina dietro solo parzialmente il senso di questo vestire, in quanto l'abito dovrà mescolarsi con i vissuti ed i costumi del nuovo concorrente; è questo il caso di coloro che mutuano sport e abbigliamenti di gara appartenenti ad una cultura a loro estranea. Un elemento che conserva la magia primitiva e crudele delle lotte primordiali è rappresentato dal simbolo che un gruppo ha scelto tenendo conto della dimensione cromatica, nello stesso modo con cui una tribù si riconosceva nel totem rappresentativo dell'unità tribale. Purtroppo oggi l'uso distintivo di una maglia colorata comporta l'accentuazione delle forme di appartenenza al proprio gruppo; testimonianze tragiche in proposito sono rappresentate dagli eventi punitivi dell'avversario di squadra che, anche se in misura molto minore fra i giocatori, sono drammatici fra i tifosi. In ogni parte del mondo l'indumento sportivo diventa bandiera carica di sensazioni magico-religiose, di sentimenti di appartenenza, d'impegno normativo alla difesa ad ogni costo, fino a riprodurre sistemi conflittuali di origine primitiva: l'esempio è dato dalla casistica che, nonostante i buoni intendimenti di un'illuminata cultura dello sport, si ripropone a seguito della "sconfitta" dei propri colori.

3.   La comunicazione mimo-gestuale

Presi dalla vita frenetica che cultura e tecnologia ci portano a condurre, non si riflette mai abbastanza sul significato dei fattori condizionanti la vita: l'uomo si è abituato a guardare il mondo con gli occhi sterili dell'osservatore, obbligato per ruoli o per soddisfazione a comunicare con gli altri. Si comunica per parole e per gesti all'interno di un apparato di sistemi comunicativi di cui è importante avere la nozione e la cognizione.

"Comunicazione" è come la parola viene detta, con quale tono, con quale inflessione, con quale atteggiamento e da quali gesti viene accompagnata; le parole possono essere non sufficienti o non sufficientemente precise per esprimere ciò che si può esternare con tutto il resto oltre la parola: con la mimica, ad esempio. La parola è spesso riduttiva e sterile. Inoltre l'uomo ha imparato a controllarla ed a servirsene celando i veri e sinceri stati emozionali [Nell'interazione quotidiana accade che i soggetti esprimano apertamente e con sincerità il loro stato d'animo mediante la parola e le altre forme cinesico-prossemiche; tuttavia nelle situazioni conflittuali o in quelle dove predomina la paura (vedi situazioni di rischio personale o/e di gruppo) accade che i soggetti nascondano quello che hanno in mente. L'operazione a volte riesce pienamente, altre invece l'occultamento di una realtà o la stessa *menzogna* appariranno palesemente al soggetto ricevente il messaggio. Le ripercussioni di un pensiero nascosto e, anzi, scorrettamente proposto, sono riscontrabili in numerosi drammatici incontri/scontri fra le persone; percepire nelle parole e nel comportamento dell'interlocutore la presenza della menzogna rende la stessa relazione precaria e quantomeno destinata ad un giudizio di non credibilità dell'altro. Si può indicare il soggetto responsabile delle sue scelte ed azioni, ma non solo: è nell'inculturazione formatrice di interi gruppi ed etnie che si usano tipici modelli culturali della menzogna. Il negare la verità è comunque un'azione accompagnata quasi sempre da una serie di segnali inconfondibili di cui il "bugiardo" non ne ha consapevolezza, ma che risultano con evidenza all'osservatore attento. Cfr. *Lezioni di sociologia dei processi culturali*, Facoltà di lettere, sede di Arezzo, a.a. 1996/97].

La preminenza della comunicazione linguistica è data solo e semplicemente dal fatto che qualsiasi sistema non-linguistico deve servirsi del tramite della lingua e quindi può esistere solo al suo interno [L'importanza attribuita alla comunicazione linguistica, al saper leggere e scrivere le carte, all'avere un titolo riconosciuto, ha portato la distinzione socio-culturale dei soggetti tra alfabeta ed analfabeta. Quando l'analfabeta si trova a contatto ed in relazione con l'alfabeta, la differenza tra i due tipi di culture si fa ancora più evidente. L'analfabeta si sente e viene fatto sentire escluso, diverso e la sua integrazione risulta sempre più difficile, in quanto deve affrontare non solo problemi reali, concreti, ma anche altri di carattere personale e psicologico. Il fatto che l'analfabeta abbia non solo conoscenza, ma anche padronanza della cosiddette "parola-parlata", della "parola-suono", viene sminuito dalle convenzioni socio-culturali che hanno attribuito alla "parola-scritta" la preminenza. «Essere analfabeta non significa solo mancare della struttura mentale dell'istruito; anche l'analfabeta, allo stesso modo dell'istruito, possiede un suo codice: quello della parola-parlata, della parola-suono... ma anche l'alfabeta possiede la parola-suono... Da qui la superiorità sull'analfabeta. [...] Quando l'analfabeta pensa, pensa a dei suoni, e la parola è destinata all'orecchio. L'istruito ha il dizionario, l'analfabeta ha la memoria. Nella scrittura, ogni parola coinvolge la successiva, si lega ad essa e deve esserle coerente. La parola-suono può vivere da sola, le basta l'intonazione per essere chiara ed è col gesto che deve essere coerente: col gesto e col viso e con la situazione. La parola-suono coinvolge non le altre parole, ma l'udito e gli altri sensi: la totalità dell'essere, la totalità del gruppo sociale. [...] Gli analfabeti vivono in larga misura in un universo auditivo, cioè globale e coinvolgente; con la comunione dei sensi mantengono la comunione del gruppo. Ogni analfabeta non è un individuo indipendente, considerandosi lui stesso sempre parte di una realtà più grande. E la sua esperienza acquista significato solo integrandosi in un ruolo sociale. Da qui un differente comportamento dell'uomo nel gruppo; da qui un modo differente di codificare lo spazio ed il tempo e di stabilire la connessione fra i fenomeni; un differente modo di pensare e di agire, di essere, di cogliere la realtà e di apprendere questa particolare codificazione della realtà. Una differente cultura: la cultura analfabeta. [...] Se l'analfabeta non capisce il linguaggio dei segni grafici, l'istruito è un analfabeta di fronte al linguaggio delle urla, dei rumori, dei gesti, degli odori: la sua è un'ignoranza più vasta, più generale: il suo mondo è ristretto alla pagina bianca, da riempire con tanti piccoli segni; la sua percezione della realtà è mediata dai segni di altre pagine che altri hanno tracciato... Come riportare graficamente la cantilena della parlata che spezza le parole, le contrae, le allunga e le accorcia, le stempera, le moltiplica, ripetendole e strascicandole, le sottintende, le permuta con un'occhiata, le riassume e le commenta con un gesto?» Cfr. HARRISON G. e CALLARI GALLI M., *Né leggere né scrivere,* Feltrinelli, Milano, 1971, pp. 26-31].

La preminenza di tale linguaggio rispecchia anche un'altra esigenza dell'uomo: l'*economia linguistica e comunicativa*, per cui gli uomini cercano, ed hanno sempre cercato, di fare meno fatica possibile in tutto. Anche se l'economia linguistica ha portato a privilegiare il linguaggio parlato e scritto, occorre osservare che, anche per poter parlare e scrivere, il corpo, le sue articolazioni ed i suoi muscoli sono sempre indispensabili.

Tutti i codici, a partire da quello cinesico, sono codici

socio-culturali di cui gli uomini si impadroniscono per apprendimento. Occorre imparare le regole per la corretta esecuzione dei gesti in situazioni e contesti diversi, al fine di dare esatto significato ai gesti stessi. Lo *spazio* in cui l'individuo agisce durante le interazioni è uno degli elementi che più riflettono se ciò che si sta comunicando è veramente ciò che si vuole comunicare. L'uomo si muove in effetti circondato da una bolla di spazio che considera proprio, per cui lo vuol gestire [Sei movimenti fondamentali determinano sei punti principali che, se collegati fra loro, definiscono nello spazio la forma ovoidale che circonda il corpo. Questi movimenti, che rappresentano le possibili posizioni del corpo nello spazio, sono:

1- *proiezione verso l'alto*: esprime l'aspirazione a ciò che sta più in alto, sia che si tratti di un superamento fisico che di un desiderio; è il gesto di coloro che esultano ed implorano ed è una posizione di preghiera;

2- *proiezione all'indietro*: rivela l'angoscia, il timore, l'autodifesa, l'atto del caricamento per prepararsi ad affrontare lo spazio o l'avversario;

3- *proiezione verso sé*: esprime l'interiorizzazione, la protezione di sé, la meditazione, la regressione, il ripiegamento e l'avvolgimento su se stessi, la riflessione;

4- *proiezione dell'ampiezza del proprio corpo*: gesto

dell'esteriorizzazione, dell'espansione, dell'accettazione, della gioia. Con questo movimento si definiscono i limiti del corpo nello spazio, ma è anche il movimento del rifiuto dell'"altro", del tentativo di impedire all'"altro" di avanzare nello spazio;

5- *proiezione in avanti*: è l'atteggiamento del dono, dell'offerta, della socializzazione;

6- *presa di posizione per proiettare la propria forza*: esprime l'affermazione di sé attraverso la forza, l'aggressività.

Cfr. ORLIC M.L., *L'educazione gestuale*, Armando, Roma, 1970, pp. 99-103]. Mentalmente ognuno suddivide lo spazio intorno al proprio corpo: questo viene ceduto, protetto, regalato, difeso, controllato e lo stesso si pretende di fare con quello degli altri. Logicamente il rapporto del soggetto con i limiti spaziali varia con il mutare della cultura. Gli spazi che il corpo assume nelle interazioni gerarchiche vengono accolti mediante un diretto addestramento alla forma richiesta. Rapporti politico-diplomatici hanno richiamato una corporeità formalmente ineccepibile secondo etichette locomotorie, mimo-gestuali (inchini, genuflessioni), sia nel momento in cui l'individuo si presenta, sia nei periodi dell'interazione formale; i corpi fanno dunque parte di una costruzione socio-culturale ove ognuno trova il suo luogo adatto in rapporto al valore che rappresenta (ricevimento da parte del Presidente della Repubblica del Corpo Diplomatico) [Per un riferimento al corpo in alcune sue forme (corpo visibile, costruito, socio-politico, popolare, ...) e come soggetto, cfr. ABBRI F., *Il corpo come metafora*, intervento al corso per operatori socio-culturali (C.E.E.), Villa Severi, 30/10/1995]. La struttura percettiva di un dato popolo non solo può essere diversa, ma spesso è divergente rispetto a quella degli altri popoli, tanto che gli uni non sanno *"leggere"* il comportamento degli altri. Occorre quindi essere in grado di decodificare nel modo più preciso il gesto e soprattutto di cogliere la corrispondenza tra atto non-verbale e la sua significazione.

Già durante l'infanzia lo stesso sistema di controllo segnico viene lavorato attraverso la domestichezza con i fattori esterni, per cui ogni atto si struttura come apparato di comunicazione appreso nel proprio contesto culturale. Processi di comunicazione corporea specifici e la partecipazione ai codici culturali relativi consentono di avviare un'organizzazione comunicativa qualitativamente più elevata. Quando la cultura è in continua esposizione e recettivamente più agevole (ved. culture isolate), lo scambio della comunicazione con codici diversi potrà dare, anche nelle espressioni mimo-gestuali, risposte non sempre chiare a più persone provenienti da diverse culture; è questo uno dei problemi affrontato spesso da fanciulli domiciliati in culture isolate dove i costumi, il dialetto, il codice etnico sono più radicati. La loro differenza in termini motori e cinesici saranno evidenti, specie se il codice di comunicazione si fa portatore di livelli di giudizio. Una delle difficoltà fondamentali è data proprio da come corpi di adulti e di bambini, abituati quotidianamente ad effettuare alcune operazioni manuali, vengono indicati con un giudizio di valore come "rozzezza", "volgarità", "cafonaggine", ..., solo perché il codice comunicativo, in quanto diverso per inculturazione, non produce intese dirette. L'intolleranza nei confronti del "diverso", quando investe la condizione corporeo-motorea e mimo-gestuale, si fa drammatica di fronte alle costruzioni "mitiche" di una classe sociale, di un mestiere, di un modo di pensare [Il pregiudizio sociale si palesa fortemente nei rapporti fra popolazioni stabili che entrano in contatto con gente di altre culture o di culture vicine; il pregiudizio socio-culturale si manifesta non solo dai dislivelli geo-fisici (uno abita in montagna ed un altro in pianura), ma anche fra piccoli agglomerati fra loro non lontani; l'appartenenza ad un mestiere piuttosto che ad un altro può diventare la linea di separazione a volte drammatica riscontrabile spesso nelle opposizioni familiari nella scelta del coniuge. HARRISON G., *Professioni e pregiudizi,* in TENTORI T., *Il pregiudizio sociale,* Universale Studium, Roma, 1972, pp. 118-132].

3.1 La suddivisione prossemica

Con il termine *prossemica* si definisce lo studio dei modi con cui gli esseri umani strutturano lo spazio. E' quindi la disciplina che organizza le conoscenze relative alla significatività comunicativa delle varie forme di dislocazione ed uso dello spazio, inteso come una specifica elaborazione della cultura. Le interazioni si collocano infatti in uno spazio, la cui particolare occupazione fornisce un primo quadro significativo. Tale disciplina, studiando il linguaggio mimo-gestuale nello spazio, indaga le motivazioni che spingono uomini ed animali a porre e percepire lo spazio come elemento significativo e significante in termini di comunicazione.

Le distanze interpersonali sono state classificate da Hall E.T. negli anni '60 in quattro categorie [La suddivisione nelle quattro distanze e la loro descrizione sono state fatte sulla base di osservazioni ed interviste con adulti privi di rapporto fra di loro, appartenenti alla classe media, in buona salute, per lo più originari della costa nord-americana degli Stati Uniti. Un'alta percentuale dei soggetti era costituita da uomini e donne del mondo degli affari e delle professioni liberali; molti si sarebbero potuti classificare come intellettuali. Le interviste si sono svolte in modo neutrale e non vi erano presenti fattori insoliti. Queste generalizzazioni non sono pertanto rappresentative del comportamento umano in generale, ma soltanto del gruppo analizzato. Cfr. HALL E.T., *op. cit.*, cap. I]: distanza intima, personale, sociale e pubblica, le quali formano virtualmente, attorno al corpo, una sorta di cilindro irregolare. Più ci si allontana verso la zona pubblica, più si prendono le distanze dall'interlocutore, sottolineando il distacco o il disinteresse, il disaccordo o il disagio, a seconda della natura del messaggio; più ci si avvicina verso la zona intima, più si desidera ridurre le distanze, eliminando gli ostacoli che intralciano la comunicazione per stabilire un rapporto piacevole. Le quattro distanze sono a loro volta suddivise in distanze di vicinanza e distanze di lontananza.

L'ipotesi che sta alla base di tale classificazione prossemica è la seguente: è nella natura degli animali, uomo compreso, esibire un tipo di comportamento chiamato *territorialità*. La distanza scelta dipende da una serie di fattori interdipendenti: dal tipo di relazione esistente fra gli individui che interagiscono, dai loro sentimenti e da cosa stanno facendo. Inoltre le distanze misurate variano anche secondo il mutare dei caratteri personali e dei fattori ambientali, oltre a quelli prettamente culturali. Quindi tale classificazione, in linea di massima valida per l'uomo occidentale, non si riscontra presso altre popolazioni. Ad esempio, il sistema indiano è basato sulla distinzione casta/fuori-casta; in Spagna, Portogallo e nelle loro ex-colonie si parla di famiglia/non-famiglia; gli arabi fanno nette distinzioni fra persone con cui sono in relazione ed estranei.

Prima, l'esigenza di spazio dell'uomo era pensata in base all'effettiva quantità di aria spostata dal suo corpo. La suddivisione di Hall E.T. ha iniziato a delinearsi solo da quando gli americani hanno cominciato ad avere a che fare con i forestieri ed i loro usi. La capacità di riconoscere queste zone di coinvolgimento e le attività, relazioni, emozioni associate a ciascuna, è diventata ora di estrema importanza, in quanto sono proprio le differenze mute del comportamento congenito alle varie culture che determinano le più frequenti incomprensioni. Il modo di usare il tempo e lo spazio, il tono della voce [La voce possiede un proprio timbro, delle inflessioni, dei ritmi. Si riesce a capire lo stato d'animo di una persona ponendo attenzione alla sola voce, come accade durante le conversazioni telefoniche. Oltre alla voce si usano suoni non-verbali che sono ugualmente comunicativi: il riso, il pianto, le interruzioni inviano comunque messaggi precisi. Si tratta di elementi che costituiscono il cosiddetto *paralinguaggio*. L'uso della voce è infatti, troppo spesso ed erroneamente, identificato con la parola], il modo di muovere gli occhi, la mimica delle mani [La mano esprime la personalità, il carattere, la vitalità, la capacità intellettiva ed affettiva della persona. La mano è l'organo che raccoglie i più differenziati stimoli ed è l'esecutrice di movimenti di elevato grado di coordinazione e complessità. Può essere considerata il prolungamento di tutto il corpo dell'uomo: occupa 1/3 del cervello. Ha un'importanza straordinaria nella comunicazione ma, oltre al grande valore espressivo-comunicativo, è lo strumento degli strumenti, produttore di oggetti semplici così come di oggetti complessi e complicati, grazie ad una sensibilità superiore a quella delle altre parti del corpo], della faccia [Il volto è un mezzo di comunicazione molto efficace a distanze ravvicinate; con l'aumentare della distanza, acquistano importanza altri elementi del comportamento non-verbale. La faccia esprime tutte le sensazioni, emozioni e sentimenti, anche se non ne esprime l'intensità. Il volto è costituito da più elementi (bocca, naso, occhi, sopracciglia, fronte) che agiscono in modo sinergico nel determinare le varie espressioni. Ogni elemento fisionomico entra in relazione reciproca con gli altri per suscitare una particolare impressione d'insieme] e del corpo, sono spesso così contrastanti che le due parti non riescono ad intendersi, e non a causa del probabile reciproco pregiudizio: proprio perché non riescono a *"leggere"* correttamente il comportamento dell'altro.

Vengono qui riportati gli indicatori prossemici relativi alle distanze pubbliche e private secondo gli studi di Hall E.T.

DISTANZA INTIMA

Si estende dal punto in cui si trova il soggetto, sino alla distanza raggiunta con avambraccio e mano allungati in avanti, quando il gomito è a contatto con il corpo.

Nella distanza intima la presenza dell'"altro" è evidente e coinvolgente, dato l'intensificarsi degli apporti sensoriali: i cinque sensi svolgono un ruolo determinante [«Extraordinnaire!... reprit le pharmacien. Mais il se pourrait que les abricots eussent occasionnée la syncope! Il y a des natures si impressionnables à l'encontre de certaines odeurs! Et ce serait même une belle question à étudier, tant sous le rapport pathologique que sous le rapport physiologique. Les prêtres en connaissaient l'importance, eux qui ont toujours mêlé des aromates à leurs cérémonies. C'est pour vous stupéfier l'entendement et provoquer des extases, chose d'ailleurs facile à obtenir chez les personnes du sexe, qui sont plus délicates que les autres. On encite qui s'évanouissent à l'odeur de la corne brûlée, du pain tendre...» Cfr. FLAUBERT G., *Madame Bovary*, Librairie Générale Française, Paris, 1983, p. 241]. E' la distanza dell'invasione totale dell'altrui spazio.

Fase di vicinanza (da 0 a 15 cm.)

E' la distanza dell'affettività, dell'amplesso, della protezione, ma anche della lotta, della minaccia e dell'aggressione. Il contatto fisico o l'imminente possibilità di questo è presente chiaramente alla coscienza di ambedue le persone. L'uso dei loro abituali strumenti di ricezione della distanza è molto ridotto, con eccezione per l'olfatto e la sensazione di calore, che sono invece entrambi massimizzati. Muscoli e pelle comunicano direttamente. La vista è confusa, non nitida. Infatti, quando la visione è molto ravvicinata, l'immagine è enormemente ingrandita e stimola la maggior parte della retina: si possono cogliere eccezionali particolari. La vocalizzazione, spesso involontaria, gioca un ruolo assolutamente minore nel processo di comunicazione, che è operata principalmente da altri canali.

Fase di lontananza (da 15 a 45 cm.)

I due corpi non si toccano facilmente, non invece le mani. La testa appare di dimensioni maggiori e con i tratti fisionomici deformati: occorre saper mettere agevolmente a fuoco gli occhi. Si è in grado di notare tutto: dall'iride dell'occhio ingrandito ai pori della pelle. Si sentono calore ed odore dell'"altro". Il tono della voce, che ha un ruolo fondamentale, è generalmente molto basso.

DISTANZA PERSONALE

Va dalla zona intima fin dove arriva l'avambraccio allungato: è il limite della propria influenza fisica sul mondo.

Il termine viene utilizzato per indicare la distanza che separa tra loro convenientemente i membri di una specie che segue il principio del non-contatto. Potrebbe essere definita come una piccola sfera protettiva o una bolla trasparente che un individuo mantiene fra sé e gli altri. Solo poche persone conosciute e tollerate sono ammesse e gradite in questa sfera; è la distanza del rapporto d'amicizia, della cordialità, della vicinanza senza eccessivo coinvolgimento. E' con molta sensibilità che va affrontato il momento cinesico-prossemico con portatori di handicap ed in particolare con i non-vedenti.

Fase di vicinanza (da 45 a 75 cm.)

A questa distanza c'è la possibilità di poter entrare in rapporto con l'"altro" mediante le estremità. La distorsione della percezione della fisionomia altrui non è più definita. Tuttavia i muscoli che muovono gli occhi hanno ancora molto da fare. La tridimensionalità degli oggetti si accentua particolarmente.

Fase di lontananza (da 75 a 120 cm.)

Questa zona si estende da una soglia appena oltre l'intervallo che consente di toccare facilmente l'"altro", ad un limite in cui due persone possono toccarsi le dita allungando ciascuno il braccio. E' il confine del *dominio fisico*, in quanto, oltre questa distanza, non si può più facilmente "mettere le mani" su qualcun altro [Va tenuto conto che i numerosi sistemi etno-culturali comportano enormi differenziazioni nella considerazione del riconoscimento dell'"altro" o del dominio sull'"altro". Il dominio fisico, in alcune culture, potrà essere percepito come negativo anche senza nessun impiego delle mani e di altre parti del corpo. Le culture umane rappresentano la realtà prossemica mediante un'intricata rete di concessioni e di impedimenti; quel gesto che può essere obbligato in un gruppo diventa trasgressivo in un altro. La soglia del lecito è perciò dipendente da un pensiero soggettivo che ha la sua responsabilità in una rete di relazione cinesica suscettibile di minimi cambiamenti in rapporto al modo con cui nel pensiero del soggetto si sono stabiliti i limiti della propria corporeità e di quella altrui; è per questo che fra femmina e maschio non c'è una cultura comune perché ogni soggetto vede l'interazione nei termini della propria sessualità]. A questa distanza si discutono argomenti d'interesse e di carattere personale. Le dimensioni sono percepite come normali ed i tratti della fisionomia altrui sono ben distinti. Si scorgono e si distinguono facilmente anche i piccoli dettagli. La visione del volto è nitida e viene avvertito anche il moto delle mani, ma non si distinguono le dita. La forza della voce è moderata. Non si percepisce più il calore corporeo e, generalmente, nemmeno gli odori (se non fosse per i profumi e le varie colonie).

DISTANZA SOCIALE

Corrisponde alla somma delle zone personali di due interlocutori. L'interazione fisica può avvenire solo in modo molto limitato. A questa distanza non vengono più percepiti i più intimi dettagli del viso e nessuno può toccare o aspettarsi di entrare in contatto fisico con l'"altro". La forza della voce è normale: c'è poca differenza fra le fasi di vicinanza e di lontananza [La distanza sociale richiama nuovamente un riferimento alle diverse funzioni del potere, specialmente quando l'individuo si trova a distinguere fra coercizione e consenso; altra contrapposizione può essere osservata nelle dinamiche fra potere, inteso come riconoscimento dell'"altro", ed autorità che, in alcune situazioni, non legittima l'"altro", ma diventa espressione di dominio, inteso come prevaricazione dell'"altro". Cfr. CRESPI F., *Le vie della sociologia*, *op. cit.*, pp. 489-505].

Fase di vicinanza (da 1,20 a 2,10 m.)

La testa è percepita nelle dimensioni normali e, a mano a mano che ci si allontana dall'"altro", si ha una visione sempre più completa della sua persona. I particolari del tessuto epidermico e della capigliatura sono percepiti distintamente. A questa distanza si trattano gli affari impersonali, anche se con maggior coinvolgimento rispetto alla fase di lontananza. E' la distanza abitualmente mantenuta negli incontri e convenevoli occasionali, imposta cioè dalle circostanze; è la distanza dell'interazione (di lavoro, di collaborazione, di scambio di informazione) senza coinvolgimento personale.

Fase di lontananza (da 2,10 a 3,60 m.)

A questa distanza avvengono le conversazioni più formali. I più minuti particolari del viso non sono distinti. Invece, il tessuto epidermico, i capelli, i tratti fisionomici e l'abbigliamento sono visibili tutti a colpo d'occhio: si scorge l'intera figura. Non viene percepito nessun odore né nessun calore. Il comportamento prossemico è, qui in particolar modo, condizionato dall'ambiente culturale ed è strettamente legato a tutte le circostanze. Il livello della voce è notevolmente più alto. Tale distanza può essere usata per isolare reciprocamente gli individui.

DISTANZA PUBBLICA

Si trova oltre la distanza sociale. Qui l'interazione fisica non può essere realizzata. Tale distanza è nettamente al di là della sfera di coinvolgimento: è la distanza del rapporto distaccato, formale e collettivo.

Fase di vicinanza (da 3,60 a 7,50 m.)

A questa distanza un individuo può fare un'azione evasiva o difensiva se minacciato; è la distanza che corrisponde ad una forma residuale di reazione di fuga. La voce è alta, ma non a pieno volume. A questa distanza il soggetto opera una scelta accurata delle parole, accompagnata da mutamenti nelle costruzioni grammaticali o sintattiche. I particolari minuti della pelle e degli occhi non sono più visibili; anche il colore degli occhi tende a diventare indiscernibile. Il corpo comincia ad appiattirsi e la testa appare di dimensioni notevolmente inferiori al normale. Altre persone presenti possono essere colte dalla visione periferica.

Fase di lontananza (da 7,50 m. in poi)

Otto metri è la distanza che si stabilisce automaticamente intorno ad importanti personaggi pubblici. La tipica distanza pubblica non è però riservata solo a questi personaggi, ma può occorrere a chiunque in occasioni pubbliche. La maggior parte degli attori sa, ad esempio, che oltre gli otto metri le più sottili sfumature espressive trasmesse dalla voce a livello normale vanno perdute assieme ai particolari della mimica e dell'atteggiarsi del volto. Non solo la voce, ma tutto il resto deve essere amplificato. Molto della parte non-verbale della comunicazione si trasferisce al gestire ed alla postura del corpo. Inoltre il tempo della voce si rallenta e si cadenza, le parole sono pronunciate in modo più distinto ed analoghi mutamenti si manifestano nello stile. Tutta la figura umana viene vista rimpicciolita e colta al centro di un ampio ambito. Non c'è più contatto diretto con le persone [Cfr. HALL E.T., *op. cit.*, cap. X].

Ovviamente non i soli centimetri determinano il tipo di relazione. Occorre tener presente anche l'orientamento del corpo, la posizione nello spazio, la predisposizione e l'intenzionalità reciproca, oltre allo spazio d'interazione con gli oggetti e le strutture presenti. Ci sono inoltre varianti legate a forme culturali, sesso, età e familiarità del soggetto con cui si interagisce. La posizione che le persone assumono nella loro relazione spaziale è indice dei loro rapporti sociali e dei sentimenti reciproci. Nel caso di *non conformità* tra espressione verbale ed espressione non-verbale, sul piano di significato è sempre la componente non-verbale a prevalere. In caso di non conformità occorre distinguere tra due tipi di squilibrio:

1) *squilibrio consapevole*: in questo caso ci sono due modalità che possono correggere il messaggio trasmesso:

a- la sfumatura umoristica;

b- la sfumatura allusiva, dove lo squilibrio è una maschera volta a confondere il primo grado di ricezione del messaggio;

2) *squilibrio inconsapevole*, dovuto a poca convinzione, che provoca una specie di autocensura.

Situazione e contesto hanno un ruolo importante poiché non necessariamente la distanza fisica corrisponde all'effettiva realtà della relazione. La dislocazione dello spazio fra sé e gli altri durante le interazioni ha una significatività comunicativa così complessa e sottile che non è facile mettere per iscritto, tanto più perché non si può generalizzare. Distanze e relativo significato cambiano in relazione al momento che si crea al proprio esterno e, soprattutto, al proprio interno.

Tutto questo non sminuisce ovviamente l'importanza che la suddivisione e classificazione dello spazio da parte di Hall E.T. hanno avuto per questo ramo della semiologia.

Conclusioni

Presi dalla vita frenetica che cultura e tecnologia ci portano a condurre, spesso ci dimentichiamo che la "parola" non è comunicazione. "Comunicazione" è come la parola viene detta, con quale tono, con quale inflessione, con quale atteggiamento e da quali gesti viene accompagnata.

Quante volte si dice "il silenzio vale più di mille parole"? Questo motto esprime una così vera realtà che spesso non viene nemmeno compresa, poiché si dice soprattutto per "comodità". Mille parole possono essere non sufficienti o non sufficientemente precise per esprimere ciò che si può esprimere con tutto il resto oltre la parola: con la mimica, ad esempio. Infatti la parola è spesso riduttiva e sterile. Inoltre l'uomo, dato l'uso che ne fa, ha imparato a controllarla ed a servirsene celando spesso i veri e sinceri pensieri.

Uno degli elementi che più riflettono se ciò che stiamo comunicando è veramente ciò che vogliamo comunicare è lo *spazio* in cui l'individuo agisce durante le interazioni.

Logicamente il rapporto tra limiti spaziali ed ego varia al variare della cultura. La struttura percettiva di un dato popolo non solo può essere diversa, ma spesso è divergente rispetto a quella degli altri popoli, tanto che spesso gli uni non sanno "leggere" correttamente il comportamento degli altri.

Ovviamente, in caso di comunicazione in presenza, non i soli centimetri determinano il tipo di relazione. Occorre tener presente anche l'orientamento del corpo, la posizione nello spazio, la predisposizione, l'intenzionalità reciproca e lo spazio d'interazione. Ci sono inoltre varianti legate a forme culturali, condizionamenti sociali, abitudini psicologiche, educazione, convenzioni socio-culturali, sesso, età e familiarità del soggetto con cui interagiamo. Situazione e contesto hanno quindi un ruolo importante, poiché non necessariamente la distanza fisica corrisponde all'effettiva realtà della relazione.

Mai una situazione si presenterà due volte con gli stessi identici termini. Infatti, anche supponendo paradossalmente di trovarsi in una situazione uguale ad un'altra già vissuta per tutte le variabili, non si avrà un eguale svolgersi dei fatti, partendo dall'ovvio punto che noi non siamo quelli dell'esperienza precedente. Tanto per iniziare, avendo già vissuto una tale esperienza e relative conseguenze, probabilmente ci comporteremo con delle diversità, anche se apparentemente del tutto insignificanti.

BIBLIOGRAFIA

ABBRI F., *Il corpo come metafora*, intervento al corso per operatori socio-culturali (C.E.E.), Villa Severi, 30/10/1995.

BENEDICT R., *Modelli di cultura*, Feltrinelli Economica, Milano, 1979.

BERGER L.P. e LUCKMANN T., *La realtà come costruzione sociale*, Il Mulino, Bologna, 1969.

CAVALLI L., *Il contenuto sociale*, Il Mulino, Bologna, 1970.

CHELI E., *La realtà mediata*, Franco Angeli, Milano, 1992.

CHELI E. e RENZINI R., *Giovani a rischio e prevenzione ecosistemica. Spunti per uno sviluppo dei potenziali individuali e sociali di autorganizzazione creativa*, USL 10 di Firenze, Firenze, 1995.

COCCHIARA C., *Il linguaggio del gesto*, Sellerio Editore, Palermo, 1977.

COLLINS R. e MAKOWSKY M., *Storia delle teorie sociologiche*, Zanichelli, Bologna, 1996.

Corriere di Arezzo del 20/12/1997.

CRESPI F., *Esistenza e simbolico*, Feltrinelli Editore, Milano, 1978.

CRESPI F., *Le vie della sociologia*, Il Mulino, Bologna, 1985.

DALE GUTHRIE R., *I segni segreti del corpo*, Lyra libri, Como, 1987.

DE' MEDICI L., *I canti carnascialeschi.*

DINI V., *Cenni di cinesica culturale*, in "Scuola primaria", II, 1971, pp. 15-34.

DINI V., *Dispense cattedra di Sociologia delle comunicazioni di massa*, a.a. 1996/97, Scuola diretta a fini speciali esperti in lingue nel commercio con l'estero.

DINI V., *Innovazione e resistenza al cambiamento*, Ed. Marsilio, Venezia, 1981.

DONATI P., *Introduzione alla sociologia relazionale*, Franco Angeli, Milano, 1983.

ECO U., *Segno,* Isedi, Milano, 1973.

ERODOTO, *Le Storie.*

EURIPIDE, *Alceste.*

FACCHINI F., *Il training autogeno nel calcio*, Società Stampa Sportiva, Roma, 1992.

FLAUBERT G., *Madame Bovary*, Librairie Générale Française, Paris, 1983.

FRANCESCATO G., *Il linguaggio infantile - Strutturazione e apprendimento*, Einaudi, Torino, 1970.

GALLINO L., *Dizionario di Sociologia*, Utet, Torino, 1978.

GOFFMAN E., *La vita quotidiana come rappresentazione*, Il Mulino, Bologna, 1969.

GORI M. e TANGA M., *L'apprendimento motorio fra mente e cervello. Le basi neurofisiologiche dell'azione*, Calzetti-Mariucci, Perugia, 1996.

HALL E.T., *La Dimensione Nascosta*, Valentino Bompiani, Milano, 1968.

HARRE' R., *L'uomo sociale*, edizione italiana a cura di PEDRAZZA M., Raffaello Cortina Editore, Milano, 1994.

HARRISON G., *Professioni e pregiudizi,* in TENTORI T., *Il pregiudizio sociale,* Universale Studium, Roma, 1972.

HARRISON G. e CALLARI GALLI M., *Né leggere e né scrivere,*

Feltrinelli, Milano, 1971.

KARDINER A., *L'individuo e la sua società,* Bompiani, Milano, 1965. *Lezioni di sociologia dei processi culturali*, Facoltà di lettere, sede di Arezzo, a.a. 1996/97.

MANTOVANI G., *Il bastone del cieco*, in "Psicologia Contemporanea", n. 144, 1997, pp. 38-41.

MORRIS D., *I gesti - Origine e diffusione*, Arnoldo Mondadori Editore, Milano, 1983.

NATOLI S., *L'esperienza del dolore. Le forme del patire nella cultura occidentale*, Feltrinelli Editore, Milano, 1987.

ORAZIO, *Le Odi.*

ORLIC M.L., *L'educazione gestuale,* Armando, Roma, 1970.

PARSONS T., *La struttura dell'azione sociale. Le società tradizionali e le società moderne*, Il Mulino, Bologna, 1972-1973.

PINDARO, *Le Pitiche.*

PIRANDELLO L., *Enrico IV,* Arnoldo Mondadori Editore, Milano, 1993.

PIRANDELLO L., *Il fu Mattia Pascal*, Arnoldo Mondadori Editore, Milano, 1988.

PIRANDELLO L., *Uno, Nessuno e Centomila*, Arnoldo Mondadori Editore, Milano, 1992.

POE E.A., *William Wilson*, in *Great short works of E.A.Poe*, Perennial Classic, New York, 1970.

PREVERT J., *Poesie*, Guanda Editore, Parma, 1992.

RIMBAUD A., *Œuvres*, Gallimard, Paris, 1963.

RIVERSO E., *Individuo, società e cultura*, Armando, Roma, 1971.

ROBERTSON I., *Sociologia*, edizione italiana a cura di DEI M., Zanichelli, Bologna, 1988.

SACKS O., *L'isola dei senza colore,* Adelphi Edizioni, Milano, 1997.

TYLOR E.B. e A.A.V.V., *Concetto di cultura,* Einaudi, Torino, 1970.

TOURAINE A. e A.A.V.V., *L'ideologia della globalizzazione,* in Villaggio Globale, Internazionale, Roma, 2/96.

VESTRELLA P., *Introduzione,* in FERNANDEZ, J., *Formazione con successo,* Franco Angeli, Milano, 1992.

WOLF M., *Sociologia della vita quotidiana,* Espresso Strumenti, Milano, 1979.

www.ingramcontent.com/pod-product-compliance
Lightning Source LLC
Chambersburg PA
CBHW070148290526
45789CB00002B/680